Jutta Schütz wurde in Lebach (Saarland) geboren.

Mit ihrem ersten Bestseller „Plötzlich Diabetes" (2008) gilt die Autorin bei Kritikern als Querdenkerin. 2010 startete sie mit ihren Gesundheitsbüchern ihr Pilotprojekt in Bruchsal und später bei der VHS in Wolfsburg. Sie hat bis heute über 50 Bücher geschrieben und an vielen anderen Büchern mitgewirkt. Als Journalistin schreibt Schütz für viele Verlage und Zeitungen. Ihre Themen sind: Gesundheit, Psychologie, Kunst, Literatur, Musik, Film, Bühne, Entertainment.

Mehr Infos finden Sie auf den Webseiten der Autorin:

www.jutta-schuetz-autorin.de/

http://kinder-entdecken.jimdo.com/

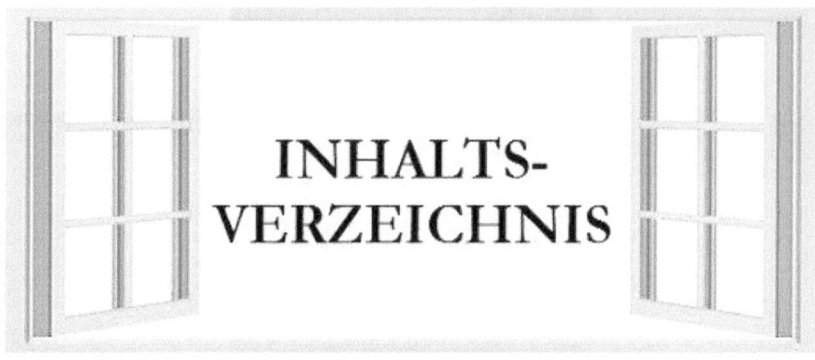

INHALTS-VERZEICHNIS

Man kann niemanden etwas lehren, man kann ihm nur helfen,
es in sich selbst zu finden.
(Galileo Galilei - 1564-1642)

© 2016 Autor: Jutta Schütz (2. Auflage)

© 2016 Buchsatz, Layout, Buchgestaltung
© 2016 Buchidee: Jutta Schütz
www.jutta-schuetz-autorin.de/

E-Mail: info.jschuetz@googlemail.com

© 2016 Herstellung und Verlag:
BoD – Books on Demand, Norderstedt

ISBN: 978-3-73922-016-1

Bibliografische Information der Deutschen Nationalbibliothek:
Die Deutsche Nationalbibliothek verzeichnet diese Publikation in der Deutschen Nationalbibliografie; detaillierte bibliografische Daten sind im Internet über http://dnb.d-nb.de abrufbar.

MIX
Papier aus verantwortungsvollen Quellen
Paper from responsible sources
FSC® C105338
FSC
www.fsc.org

Jutta Schütz

Depressionen verstehen

Ratgeber für Hilfesuchende

Vorwort

Eine Depression kann jeden treffen, unabhängig von Alter, Geschlecht und sozialem Status. Frauen sind etwa doppelt so häufig wie Männer betroffen.

Wir ALLE kennen Phasen unseres Lebens, in denen wir traurig, unglücklich oder einsam sind. Dauert eine traurige Phase aber über Wochen an, könnte bereits eine Depression vorliegen.

Depressionen sind keinesfalls ein Zeichen persönlichen Versagens oder Schwäche, sondern eine episodische Erkrankung und können viele Ursachen haben. Bei einer Depression liegen Störungen in Bezug auf Botenstoffe im Gehirn vor und niemand, der unter Depressionen leidet, braucht sich schuldig zu fühlen.

Die Gefahr von Suizidversuchen ist groß. Fast alle Patienten mit schweren Depressionen haben Selbsttötungs-Gedanken.

In Deutschland gibt es zirka 5 Millionen Menschen, die an Depressionen erkrankt sind. Für das Jahr 2020 schätzen Experten eine tendenzielle Steigerung. Somit liegt die DEPRESSION an 4. Stelle der wichtigsten Erkrankungen. Im Lebensalter zwischen 25 und 45 Jahren werden Depressionen gehäuft diagnostiziert.

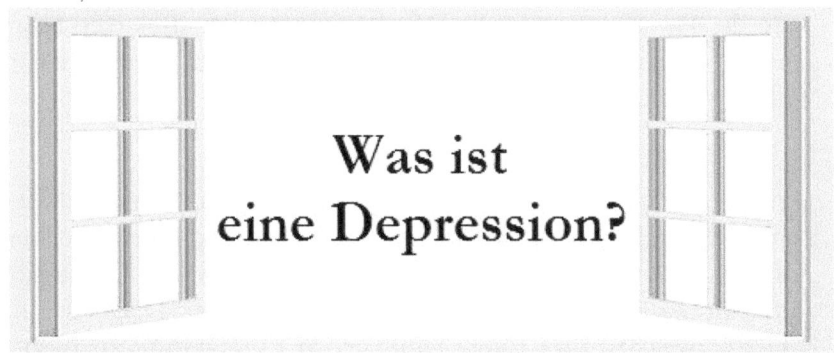

Was ist
eine Depression?

Eine Depression (deprimere - Niederdrücken) ist eine psychische Erkrankung des Gefühls- und Gemütslebens. Fast jeder Fünfte erkrankt mindestens einmal im Leben an einer Depression. Weil viele Betroffene die Anzeichen einer Depression nicht richtig deuten oder sich scheuen, zum Arzt zu gehen, liegt die Dunkelziffer vermutlich um ein Vielfaches höher.

Die Zeichen einer Depression können sein:

- negative Gedanken

- negative Stimmung

- keine Freude mehr empfinden

- keinen Antrieb spüren

- kein Selbstwertempfinden

- fehlende Leistungsfähigkeit

- kein Einfühlungsvermögen

- Zukunftsangst

- vielfältige körperliche Symptome wie: Schlaflosigkeit, Appetitstörungen, Schmerzzustände

In der Psychiatrie wird die DEPRESSION den affektiven Störungen zugeordnet. Eine Diagnose wird immer nach Symptomen und Verlauf gestellt.

Nach der fachärztlichen Leitlinie der „Deutschen Gesellschaft für Psychiatrie und Psychotherapie, Psychosomatik und Nervenheilkunde „DGPPN" (Nationale Versorgungs-Leitlinie Unipolare Depression)" vom Jahr 2011 wird empfohlen, zum Zwecke der Diagnose (nach ICD-10) zwischen drei Haupt- und sieben Zusatzsymptomen zu unterscheiden.

Für eine Diagnosestellung müssen Hauptsymptome und weitere depressive Symptome mindestens zwei Wochen lang fortwährend vorhanden sein.

Aufgrund ihres vielfältigen Erscheinungsbildes, wird die Depression vom Hausarzt oft nicht erkannt. Es gehört neben medizinischem Fachwissen auch viel psychiatrische Erfahrung dazu, um eine Depression schnell und sicher zu diagnostizieren.

Ist eine richtige Diagnose erst mal gestellt, ist die Lage alles andere als aussichtslos. Hinsichtlich der Therapie hat sich in den letzten Jahrzehnten viel getan. Mehr als 80% der Erkrankten kann geholfen werden.

Patienten beschreiben ihre depressiven Gefühle unterschiedlich. So wird von Hoffnungslosigkeit, Niedergeschlagenheit und von Verzweiflung berichtet, andere schildern mehr eine Gefühllosigkeit, bei der sie weder Trauer noch Freude empfinden können.

Auffällig ist auch, dass depressive Patienten sich langsam bewegen sowie auch langsam sprechen.

Eine Depression wird oft von einer anderen Erkrankung überdeckt und nicht erkannt. Sie kann sich auch vorwiegend durch körperliche Symptome (Schmerzen) bemerkbar machen.

Bei schweren depressiven Störungen können auch psychotische Symptome auftreten wie:

- Halluzinationen

- Wahnideen

- Stupor (körperliche Starrheit)

Eine „nicht behandelte" depressive Phase (Episode) dauert zirka sieben Monate.

Die behandelte Depression kann bei den meisten Menschen vollständig geheilt werden – bei manchen Patienten bleibt jedoch ein kleiner Rest der depressiven Symptome bestehen.

Die Depression kann sich auch chronisch entwickeln. Das heißt, dass sich die depressiven Phasen regelmäßig wiederholen – es entsteht eine Dysthymie. Hier sind die Symptome nicht so ausgeprägt wie bei einer klassischen Depression.

Bei über der Hälfte der Patienten kommt es nach einer ersten Erkrankung zu einer weiteren depressiven Episode.

Eine Behandlung richtet sich danach, ob eine Depression erstmals oder wiederholt auftritt und wie schwer der Patient erkrankt ist.

Sie sollte sich an den Empfehlungen orientieren, die in der „Nationalen Versorgungsleitlinie (Unipolare Depression)" stehen.

Nicht jede Depression muss sofort psychotherapeutisch oder mit Medikamenten behandelt werden.

Eine effektive Behandlung senkt die Rückfallrate erheblich.

Hinsichtlich ihrer Wirksamkeit belegte Psychotherapieverfahren bei Depressionen sind:

- Gesprächspsychotherapie

- Verhaltenstherapie

- psychodynamische Psychotherapie

- interpersonelle Psychotherapie

- systemische Therapie

- medikamentöse Therapie (verschiedene Antidepressiva)

Eine depressive Störung ist NICHT dasselbe wie eine vorübergehende Niedergeschlagenheit!

Eine Depression kann auch durch eine körperliche Erkrankung oder durch Medikamente hervorgerufen werden.

Denkbar ist auch, dass diese Erkrankung in einem engen Zusammenhang mit einem Ereignis im Leben des Betroffenen stehen kann, wie z. B. einem Trauerfall, Arbeitsverlustes, Trennung oder finanzieller Verschuldung.

Ein weiterer zusätzlicher Faktor könnte eine manisch-depressive Erkrankung sein (bipolare Störung). Hier treten neben ausgeprägten Tiefs auch ausgeprägte Hochs auf. In diesen Hochphasen ist der Erkrankte oft überaktiv und ausgesprochen redselig. In dieser Zeit wird häufig das Denken, das Sozialverhalten und die Urteilsfähigkeit beeinflusst.

Wenn die Anzeichen einer Depression bemerkt werden, sollte man schnellst möglich zum Arzt gehen. Oft ist es für Betroffene, aber auch Angehörige wichtig, die Lebensumstände entsprechend zu ändern (Arbeitssituation / Privatleben).

Der erste Ansprechpartner sollte der Hausarzt sein, dieser überweist sie an einen Psychologen. Vielleicht gehören zur ersten Behandlung auch Medikamente (Antidepressiva) und eine Psychotherapie.

Ergänzend dazu:

- Entspannungsmethoden

- Selbstreflexion

- EMDR (Eye Movement Desensitization and Reprocessing)

Die Therapien können je nach Schwere der Depression ambulant oder stationär erfolgen – meist dauern sie mehrere Wochen.

Diese Krankheit ist eine ernst zu nehmende Erkrankung, die nicht nur für den Betroffenen eine enorme Belastung ist, sondern auch sein soziales Umfeld vor eine Situation stellt, die viel Geduld und Sensibilität erfordert.

In Studien über Depressionen zeigt sich, dass fast jeder Patient während einer depressiven Episode über kognitive Dysfunktionen klagt. Nach Ende einer akuten Depression bleiben diese Einschränkungen bestehen.

Diese Begleiterscheinungen einer Depression belasten den Betroffenen sowie auch sein Umfeld sehr. Hier ist es wichtig, dass man sich mit seinem Arzt bespricht. Dieser kann dann die Symptome in die Therapie mit einbeziehen.

Ursachen

Eine Depression wird durch mehrere Faktoren ausgelöst und aufrechterhalten. Es spielen dabei biologische, psychische und psychosoziale Aspekte eine wichtige Rolle.

Zum Beispiel kann durch belastende Lebensereignisse eher eine Depression ausgelöst werden, wenn bereits genetisch bedingt eine erhöhte Empfindlichkeit (Vulnerabilität) für die Erkrankung besteht.

Das Zusammenspiel der verschiedenen Ursachen hat wiederum Auswirkungen auf die Therapie.

Untersuchungen mit Familien und Zwillingsstudien belegen, dass genetische Faktoren bei der Depression von Bedeutung sind.

So können Kinder, deren Mutter oder Vater depressiv sind, mit einer Wahrscheinlichkeit von 10 bis 15 Prozent selbst an einer Depression erkranken.

Eine erbliche Veranlagung bedeutet aber nicht, dass eine Person zwangsläufig an einer Depression erkrankt. Oft wirken Gene und Umweltbedingungen oder Lebenssituation zusammen.

Zum Beispiel ist auch die Aktivität der Botenstoffe im Gehirn (Neurotransmitter) durch genetische Faktoren beeinflusst. Diese übermitteln an den Synapsen (den Verbindungsstellen zwischen zwei Nervenfasern im Gehirn) Informationen und haben somit Einfluss auf unsere Gedanken (Erleben, Gefühle).

Depressive Menschen haben durch verschiedene Faktoren eine geringere Toleranz gegenüber seelischen, körperlichen und biografischen Belastungsfaktoren als gesunde Menschen.

Diese Verletzlichkeit (Vulnerabilität) spielt bei dem Ausbruch und der Aufrechterhaltung ihrer Depression eine große Rolle.

Jeder Mensch hat seine Erwartungen und Wünsche und wenn diese Wünsche nicht erfüllt werden, entsteht oft eine innerliche Wut. Es wird dann gegen diese Wut angekämpft, oft ist man enttäuscht und fällt vielleicht auch in ein tiefes Loch – es entsteht eine Krise. Wie der einzelne reagiert, hängt von seiner Lebenseinstellung und seiner Lebenserfahrung ab.

Depressionen werden von negativen Lebenseinstellungen geprägt. Man bewertet sein Leben als ausweglos und fühlt sich als Versager.

Zum Beispiel denkt der Kranke, wenn er seine Arbeit verliert, nie mehr eine Anstellung zu finden. Genauso ist es, wenn er seinen Partner verliert. Er denkt, nicht liebenswert zu sein und zieht sich zurück.

Auch eine schlechte Kindheit kann als Grundstein einer depressiven Erkrankung angesehen werden. Die Störungen können sich bis ins Erwachsenenalter hinziehen und sich zu einer Depression auswachsen.

Forschungsarbeiten haben gezeigt, dass während einer Depression die Systeme für Botenstoffe im Gehirn aus dem Gleichgewicht kommen. Dies betrifft insbesondere die Transmitter-Systeme für die Botenstoffe „Serotonin und Noradrenalin".

Entweder liegen die Neurotransmitter in zu geringer Konzentration vor, oder die Empfindlichkeiten der Rezeptoren (diese wirken an den Botenstoffen) ist dauerhaft verändert. An dieser Stelle setzt dann auch eine Behandlung mit antidepressiven Medikamenten an. Diese Medikamente sollen den Serotonin- und Noradrenalin-Stoffwechsel wieder normalisieren.

Es wurde auch mithilfe bildgebender Verfahren bei depressiven Menschen während einer Episode festgestellt, dass es eine veränderte Aktivität des so genannten limbischen Systems im Gehirn gibt.

Das limbische System, auch als stressregulierendes System bezeichnet, ist für das Empfinden und Verarbeiten von Gefühlen mitverantwortlich.

Die veränderte Aktivität bei der Verarbeitung von Gefühlen erklärt die erhöhte psychische Verletzlichkeit depressiver Menschen und warum Schicksalsschläge einer Erkrankung vorausgehen.

Auch das Stresshormon wird mit der Entstehung einer Depression in Zusammenhang gebracht.

Die Stresshormone werden in Schreck- und Gefahrensituation ausgeschüttet. Sie erhöhen kurzfristig die Anspannung und die Aufmerksamkeit. Auf diese Weise wird der Körper darauf vorbereitet, schnell und effektiv zu reagieren.

Depressive Menschen haben ein gestörtes Kontrollsystem. So ließen sich bei depressiven Patienten erhöhte Werte des Stresshormons Cortisol im Blut und im Urin nachweisen.

Auch ein veränderter Hormonhaushalt kann eine Depression auslösen. So kann zum Beispiel vorkommen, dass Frauen nach der Geburt oder in den Wechseljahren an einer Depression erkranken.

Depressionen sind nicht nur vielgestaltig; sie haben auch eine Vielzahl von Ursachen:

- Vererbung

- Persönlichkeit

- Neurophysiologie

- Belastungen, Überforderungen, Stress

- Pessimistisches Denken, Selbstzweifel

- Lerngeschichte, fehlendes Zutrauen und Können

- Fehlende positive Aktivitäten bzw. Erfahrungen

Um sich mit der Krankheit „Depression" erfolgreich auseinandersetzen zu können, muss man wissen, wo man ansetzen kann. Es ist wichtig, dass man ein Konzept hat, ein Leitbild, das einem sagt, welche Maßnahmen günstig und welche ungünstig im Umgang mit der Depressionsproblematik sind.

Winterdepression

Eine Winterdepression (auch saisonal-affektive Störung genannt) ist eine depressive Störung, die in den Herbst- und Wintermonaten (Lichtentzug) auftritt. Sie ist als Sonderform der affektiven Störungen im ICD-10 den rezidivierenden depressiven Störungen zugeordnet.

In Deutschland leiden zirka 800 Tausend Menschen an dieser Depression. Sie macht sich vor allem bemerkbar durch:

- Antriebsverlust

- niedergedrückte Stimmung

- schlechte Laune

- Freudlosigkeit

- verstärkte Müdigkeit

- gesteigertem Appetit

Eine Winter-Depression wird oft im Frühjahr von einer leichten Hochstimmung abgelöst.

Auslöser für eine Winterdepression ist die verkürzte Sonnenein-strahlung (Mangel an natürlichem Tageslicht).

Durch den Lichtmangel in der dunklen Jahreszeit werden bestimmte biochemische Veränderungen im Gehirn ausgelöst. Diese kann mit verantwortlich sein.

Das Licht wirkt auf die Produktion des körpereigenen Hormons Melatonin, das unter anderem den Schlaf- und Wachrhythmus des Körpers beeinflusst.

Melatonin ist ein Hormon, das von den Pinealozyten in der Zirbel-drüse (Epiphyse), einem Teil des Zwischenhirns, aus Serotonin produziert wird und den Tag/Nacht-Rhythmus des menschlichen Körpers steuert.

Während der dunkleren Jahreshälfte wird im Körper vermehrt Melatonin gebildet. Das führt dazu, dass manche Menschen sich zunehmend schlapp und schläfrig fühlen. Dies wurde aber eindeutig noch NICHT belegt.

Es ist für einen Laien nicht einfach, zu erkennen, ob man an einer „saisonal-affektive Störung" leidet oder ob es sich nur um eine Verstimmung handelt.

Handelt es sich um einen Stimmungstief, besteht erst mal kein Grund zur Sorge. Es ist dennoch sinnvoll, rechtzeitig zu wissen, ob eventuell eine Neigung zu Depressionen besteht.

Zur Behandlung einer Herbst- beziehungsweise Winterdepression wird häufig eine Lichttherapie eingesetzt.

Eine Lichttherapie ist ein von der wissenschaftlichen Medizin anerkanntes Verfahren zur Behandlung verschiedener Erkrankungen.

Bei der Lichttherapie setzt sich der Patient täglich für zirka 30 Minuten vor eine sehr helle Lampe, die speziell für diese Erkrankung entwickelt wurde.

Indem man mit sehr hellen Lichtquellen (zirka 10.000 Lux) diesen Lichtmangel ausgleicht, versucht man ein Abklingen der depressiven Symptome zu erreichen. Dabei ersetzt man das fehlende Tageslicht in der Regel morgens durch künstliches Tageslicht, welches eine deutlich höhere Intensität hat als die normale Zimmerbeleuchtung.

Sich vor seine Schreibtischlampe zu setzen nutzt überhaupt nichts. Die Lichtleistung, die mit herkömmlichen Lampen erreicht wird, ist viel zu niedrig.

Eine Lichttherapie wirkt auch bei anderen Erkrankungen wie zum Beispiel bei Depressionen, die nicht nur saisonal auftauchen. Es wurde auch berichtet, dass sie bei saisonalen Panikstörungen, Zwangsstörungen und Bulimie helfen kann.

Ein Arzt kann mit Ihnen zusammen feststellen, ob Sie wirklich an einer saisonalen Depression oder an etwas anderem leiden. Möglicherweise empfiehlt er eine Lichttherapie, eine medikamentöse Behandlung oder eine Kombination von beidem.

Als weitere „nicht-medikamentöse Behandlungsmethode" kommt der Schlafentzug infrage.

Der Schlafentzug ist der willentlich oder unwillentlich herbeigeführte Entzug von Schlaf. Schlafentzug wird in der Psychiatrie als Schlafentzugsbehandlung oder Wachtherapie als Behandlungsverfahren bei Depressionen eingesetzt.

Quelle: http://de.wikipedia.org/wiki/Schlafentzug

Der Schlafentzug ist tatsächlich sehr wirksam. Therapeuten setzen zusätzlich zu Medikamenten und Psychotherapie „als unterstützendes Verfahren" auch den Schlafentzug ein.

Diese Therapie (Wachtherapie) schafft es als einziges Behandlungsverfahren gegen Depression „bei mehr als der Hälfte der Betroffenen" schon am nächsten Tag die Stimmung deutlich zu verbessern.

Die Patienten bleiben die ganze Nacht hindurch auf oder werden gegen ein oder zwei Uhr geweckt, um dann bis zum nächsten Abend wach zu sein. Erst nach ungefähr 36 Stunden ist wieder eine Nachtruhe eingeplant.

Mehrere Dutzend Studien aus aller Welt haben gezeigt, dass diese Methode nicht nur simpel, sondern auch effektiv ist. Bei zirka 50 bis 80 Prozent aller Patienten verfliegt die Schwermut schon nach nur einer schlaflosen Nacht.

Im Anschluss an den positiven Effekt, wird ein sogenannter Teilschlafentzug angeschlossen. So bleibt die Stimmung gehoben und ein rascher Rückfall in eine Depression verzögert sich oder bleibt aus.

Die meisten Patienten scheuen es, ihren Schlaf zu unterbrechen oder gar darauf zu verzichten, dabei läuft die Wachtherapie harmlos ab. Die meisten Patienten machen die Erfahrung, dass sich ihre Stimmung tatsächlich verbessert und sie schöpfen daraus Hoffnung. Das ist ein Gefühl, das sie bei Medikamenten weniger haben.

Dies hat einen euphorisierenden Effekt, der sich positiv auf die gesamte Therapie auswirkt. Diese Therapie wird bereits seit den frühen 1970er-Jahren therapeutisch genutzt.

Eine Untersuchung aus dem Jahr 2013 besagt, dass ein Molekül eine Rolle spielen könnte, das an der Regulation des Schlaf-Wach-Rhythmus beteiligt ist. Adenosin. Astrozyten produzieren den Botenstoff in Wachphasen.

Je mehr Adenosin vorliegt, desto müder werden wir. Das Protein ist vermutlich auch für den antidepressiven Effekt des Schlafentzugs verantwortlich, wie Forscher um Dustin Hines von der Tufts University Boston im Journal „Translational Psychiatry" berichten (doi: 10.1038/tp.2012.136).

Für Epilepsie-Patienten empfiehlt sich ein Schlafentzug NICHT. Für Sie ist ein Schlafentzug anfallsfördernd.

Auch ein langer Spaziergang in der Mittagssonne ist ideal, selbst an einem trüben Novembertag bekommt der Patient draußen tagsüber ausreichend Licht ab. Ein guter Begleiteffekt ist außerdem die frische Luft und Bewegung. Das wirkt sich zusätzlich positiv aus.

Es können auch pflanzliche Präparate wie Johanniskraut hilfreich sein. In schweren Fällen ist jedoch eine Therapie mit Antidepressiva notwendig.

Untersuchungen zeigen, dass Johanniskrautextrakt (Inhaltstoff: Hyperforin) ähnlich wie andere Antidepressiva die neuronale Aufnahme der Neurotransmitter Noradrenalin, Serotonin und Dopamin hemmen kann.

Die antidepressive Wirkung des Johanniskrauts ist bis heute ungeklärt – es gibt mehr als nur einen aktiven Inhaltsstoff.

Nicht jedes der vielen verschiedenen Johanniskraut-Präparate hat eine positive Wirkung. Sprechen Sie bitte mit Ihrem Arzt. Von einer Selbstmedikation rate ich dringend ab.

Auch wenn es sich beim Johanniskraut um ein pflanzliches Präparat handelt, muss man es dennoch beim Absetzen „ausschleichen" lassen.

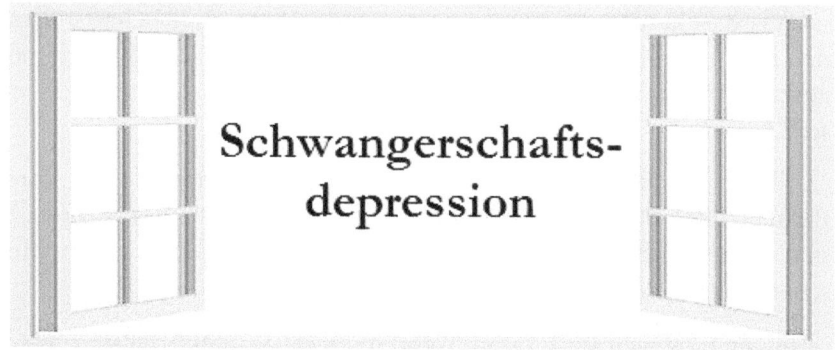

Schwangerschafts-depression

Nicht immer ist eine Schwangerschaft eine fröhliche Zeit, fast zehn Prozent der schwangeren Frauen leiden unter depressiven Anfällen.

Depressive Anfälle haben nichts mit Stimmungsschwankungen zu tun, denn eine Depression bedeutet mehr als sich nur traurig oder schlecht zu fühlen. Wenn Sie nicht die richtige Hilfe bekommen, kann diese Depression ein ernsthaftes Problem werden.

Bei jeder Schwangeren können die Symptome anders verlaufen.

Verschiedene Symptome können sein:

- Angst

- Konzentrationsschwierigkeiten

- Reizbarkeit

- Schlafprobleme

- Andauernde Müdigkeit/Mattheit

- Ständig Heißhunger oder Appetitlosigkeit

- Freudlosigkeit

- Traurigkeit

- Hilflosigkeit (weinerlich)

Wissenschaftler glauben, dass es an den Schwangerschaftshormonen liegen könnte, die manchmal etwas verrücktspielen. Weitere mögliche Auslöser können auch Geldmangel oder Beziehungsprobleme sein.

Bevor sich eine Depression manifestiert, sprechen Sie mit Ihrem Partner, Ihrer Familie, mit Freunden oder ihrem Arzt. Verkriechen Sie sich nicht ins Schneckenhaus. Eine Unterstützung von lieben Menschen kann Ihnen helfen und ihnen Rückhalt geben.

Suchen Sie sich bitte Hilfe, wenn Sie zwei Wochen selbst versucht haben, sich aus einem depressiven Loch zu holen und nichts geholfen hat. Sie MÜSSEN sich einem Therapeuten/Therapeutin anvertrauen und vielleicht können auch Antidepressiva von Nutzen sein. Zusätzlich gibt es die Möglichkeit der Begleitung mit psychisch ausgleichender Akupunktur und treten Sie frühzeitig in Kontakt mit einer Hebamme.

Wenn Sie an Selbstmord denken, sich unfähig und labil fühlen, ihren täglichen Verpflichtungen nicht mehr nachgehen können, dann sprechen Sie SOFORT mit ihrem Arzt, Hebamme und vertrauen Sie sich einem Therapeuten oder Psychiater an. Dies ist kein Anzeichen von Schwäche! Es ist ein Zeichen dafür, dass Sie eine pflichtbewusste und gute Mutter sind!

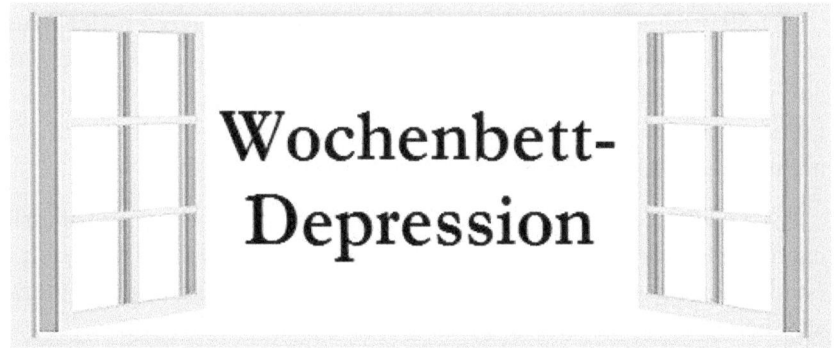

Wochenbett-Depression

Es gibt Frauen, die fallen nach der Geburt in eine Depression. Hebammen und auch Ärzte erkennen oft nicht die ersten Anzeichen, dabei ist eine schnelle Hilfe wichtig – nicht nur für die Mutter, sondern auch für die Entwicklung des Kindes.

Diese Depressionen nennt man auch: Postpartale Stimmungskrisen. Das sind psychische Zustände oder Störungen, die in einem zeitlichen Zusammenhang mit dem Wochenbett auftreten. Die Bandbreite der im Wochenbett auftretenden Zustände reicht von einer leichten Traurigkeit über Depressionen bis hin zu schweren psychotischen Erkrankungen.

Die Depression darf nicht mit dem häufig zitierten Babyblues oder Heultagen verwechselt werden. Der Babyblues kommt bei zirka 55 Prozent der Frauen vor und tritt in der Regel in den ersten Wochen nach der Geburt auf. Er ist hormonell begründet und muss nicht behandelt werden.

Nach der Einschätzung von Experten haben Frauen ein besonders hohes Risiko an Depressionen zu erkranken, die schon einmal unter Stimmungserkrankungen gelitten haben. Auch Depressionen in der Familie können ein Faktor sein. Vertrauen Sie sich bitte gleich einem Arzt oder Hebamme an!

Studien zeigen, dass bestimmte Persönlichkeitsfacetten der Mutter ein Risikofaktor sein können. Die Psychotherapeuten berichten, dass es in der Regel sehr gewissenhafte, perfektionistische und autonome Frauen sind. Diesen Müttern fällt es häufig schwer, mit einem Kind nicht mehr alles selbstbestimmt kontrollieren zu können.

Der Hormonspiegel, vor allem Östrogen und Progesteron, sinkt nach der Geburt, gleichzeitig produziert der Körper der Frau nach der Niederkunft das Hormon Prolaktin, das für die Milchbildung verantwortlich ist.

Dieser hormonelle Wechsel, der auch noch weitere Hormone betrifft, kann also zu starken Stimmungsschwankungen führen. Der Zustand dauert zirka sieben Tage an und hört meistens dann wieder auf, spätestens, wenn die Wöchnerinnen die Klink verlassen.

Leider ist es in unserer Gesellschaft immer noch üblich, dass die Frau nach der Geburt glücklich zu sein hat. Dies ist ein sehr starker Druck und manche Frauen versuchen nach der Geburt dies zu verbergen. Es ist aber SEHR wichtig, dass sich diese Mütter in diesem Zustand Hilfe suchen. Die Strategie, die Depression zu unterdrücken und zu verstecken, macht meistens alles nur noch schlimmer.

Es helfen auch exzellente Medikamente, die bei Postnataler Depression eingesetzt werden. Leider glauben viele Frauen irrtümlich, dass Antidepressiva abhängig machen. Das ist NICHT der Fall!

Ein großes Problem ist es immer noch, dass Patienten die Medikamente nicht richtig einnehmen. Hier müssen Sie Ihrem Arzt vertrauen!

Wenn Sie stillen, wird Ihnen Ihr Arzt Medikamente verschreiben, die Ihr Baby nicht beeinträchtigen.

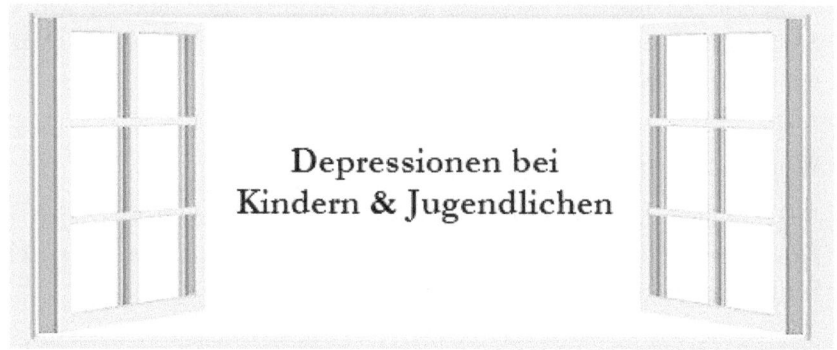

Depressionen bei Kindern & Jugendlichen

Bereits vor dem zehnten Lebensjahr können Kinder an Depressionen erkranken. Anders als Erwachsenen fällt es Kindern/Jugendlichen in diesem Alter noch schwer, die ständige Niedergeschlagenheit, Aggressivität oder Lustlosigkeit zu deuten.

Die Gründe der Depression sind Probleme in der Familie oder in der Schule „zum Beispiel bei Mobbing" und der Verlust von Freunden. Es fehlt ihnen an Zuversicht und Mut, sie haben kein positives Selbstwertgefühl.

Die Hinweise auf Depressionen bei Kindern/Jugendliche sind besonders vielfältig. Sie können sich in körperlichen Beschwerden ebenso niederschlagen wie in aggressivem Verhalten oder Apathie.

Den Kindern/Jugendlichen fehlt es bereits in frühen Jahren an Anerkennung. Letztendlich kommt es erst durch das Zusammenspiel mehrerer genetischer und psychologischer Umweltfaktoren, damit sich eine Depression entwickelt.

Eltern tragen entscheidend zu einem stabilen Selbstwertgefühl ihres Kindes bei. Kinder/Jugendliche müssen vor allem erfahren, dass ihre Eltern Respekt vor ihren Gefühlen und ihrer Privatsphäre haben.

Wenn Sie den Verdacht haben, dass Ihr Kind eine Depression entwickelt, sollten Sie sich mit dem Umfeld des Kindes/Jugendlichen befassen. Auch die Beobachtungen von Familienangehörigen oder Lehrern (Erzieher) können maßgeblich zum Erkennen einer Depression beitragen.

Schon Kleinkinder können unter Depressionen leiden, wie eine Studie am Hamburger Universitätsklinikum belegt: Knapp ein Prozent der Vier- bis Sechsjährigen war depressiv.

Fachleute sagen, ein Kind ist depressiv, wenn es mindestens zwei Wochen lang traurig, lustlos und oft müde ist.

Je jünger die Patienten sind, desto mehr unterscheiden sich ihre Krankheitsanzeichen von einer Depression, also von der „klassischen Symptomatik" im Erwachsenenalter.

Depressive Symptome bei Minderjährigen sind stark altersabhängig, das heißt, nicht nur gegenüber den Erwachsenen, sondern auch im eigenen Alters-Bereich.

Es ist zu differenzieren in:

- Kleinkind

- Vorschulkind

- Schulkind

- Jugendlicher

In der Organ-Medizin ist es nicht selten, dass ein Mensch von mehreren Krankheiten auf einmal geschlagen ist. Im höheren Alter ist dies oft die Regel. Das Gleiche gilt im Grunde auch für seelische Störungen – nur wird es dort seltener diagnostiziert.

Wenn sich die Zustände bei Kindern/Jugendlichen zwischen von depressiver Stimmung und extrem gehobener Stimmungen (Manie) abwechseln, wird diese Ausprägung als bipolare affektive Störung bezeichnet.

Während einer manischen Episode ist die Stimmung stark gehoben – es kann zu sorgloser Heiterkeit kommen (unkontrollierbare Erregungszustände). Bipolare Erkrankungen im Jugendalter beginnen oft mit einer depressiven Phase. Erst im Verlauf kann erkannt werden, dass es sich um eine bipolare Störung handelt.

Es können auch sogenannte hypomane Zustände auftreten, die sich durch eine gereizte Stimmung und ein nicht mehr normales Aktivitätsniveau auszeichnen.

Depressive Kinder/Jugendliche zeigen ein gehemmtes Denken und Handeln. Sie können sich schlecht konzentrieren und haben große Schwierigkeiten, eine Aufgabe zu Ende zu bringen. Sie sind vergesslich, grübeln über die verschiedensten Dinge und kommen oft zu keinem Ergebnis. Dadurch verlieren sie den Anschluss an andere.

Laut „Statistischem Bundesamt" leidet jeder 20. Jugendliche an einer Depression. Schaut man auf die stationären Klinikaufenthalte, hat sich die Zahl sogar versechsfacht.

Viele depressive Kinder/Jugendliche werden ambulant behandelt. In schweren Fällen jedoch kann aber auch ein Klinikaufenthalt sinnvoll sein, z. B. bei Essstörungen.

Die Therapie der depressiven Störung bei Minderjährigen sollte multimodal sein (wie es Experten bezeichnen). Das heißt: nach bewährter, aber durchaus mehrschichtiger Art und Weise.

Bei einer stationären Therapie kümmert sich ein Team von Experten aus:

- Ärzten

- Psychologen

- Sozialarbeitern

- Pädagogen

um die Kinder.

Suizidgedanken (schwere Depressionen) erfordern die stationäre Aufnahme in einer Fachklinik mit möglichst Spezial-Abteilung für Kinder/Jungend-Psychiatrie.

Bei besonders schwer ausgeprägter Depression können Medikamente den Therapieerfolg verbessern. Sie können den Zustand des Patienten stabilisieren, sollten aber auf keinen Fall die einzige Form der Behandlung sein.

Auch Essstörungen und extrem unangepasstes Verhalten (Rowdytum) stehen oft in Zusammenhang mit einer Depression.

Angsterkrankungen und Hyperkinetische Störungen (ADHS) treten häufig neben einer Depression auf.

Die erste Anlaufstelle für Eltern ist der Kinder- oder Hausarzt. Er kennt Spezialisten, die weiterhelfen können.

Das können zum Beispiel sein:

- Kinder- und Jugendpsychiater

- Kinder- und Jugendpsychotherapeuten

- Erziehungs- und Familienberatungsstellen

- Schulpsychologen, die für die Behandlung von psychisch kranken Kindern und Jugendlichen besonders qualifiziert sind. Fragen Sie nach der Qualifizierung!

Bluttest zur Depressionsdiagnostik

Wissenschaftler der Universität Wien haben mit Hilfe eines Bluttests eine Depression nachgewiesen. Diese neue Methode soll in Zukunft schnellere und bessere Diagnosen depressiver Verstimmungen möglich machen. Bisher waren Bluttests als Diagnosemethode von psychischen Krankheiten ausgeschlossen worden.

Sie sagen aus, dass unsere Gene bestimmen, welche Spuren STRESS im Gehirn hinterlässt. Nicht jeder Mensch reagiert gleich auf belastende Ereignisse wie z. B. bei einem Todesfall, Scheidung, Arbeitslosigkeit oder Lebenskrisen.

Die Forscher fanden heraus, dass es einen Zusammenhang zwischen der Aufnahmegeschwindigkeit der Glückshormone (Serotonin) durch Blutplättchen und der Ausbildung bestimmter Depressions-Netzwerke (Default Mode Network) im menschlichen Gehirn gibt.

Die Forscher aus Wien konnten anhand spezieller Messungen so vom Blutbild eines Erkrankten auf ein konkretes Depressionspotential schließen.

Nach Aussagen des Forscherteams kann mit Hilfe dieser Erkenntnis eine exakte Diagnosetechnik entwickelt werden, um Depressionen durch einen einfachen Bluttest nachzuweisen.

Der Bluttest könnte auch helfen, die Behandlungserfolge genauer zu überwachen. Suizidgefährdeten Menschen ist es oft möglich, ihre Symptome gegenüber dem behandelnden Arzt zu verbergen. Das traurige Beispiel war der Tod des Torhüters Robert Enke. Er behielt seine Selbstmordpläne für sich.

Depressive Verstimmungen lassen sich häufig auf einen Mangel an Serotonin zurückführen. Das Protein „SERT" (Protein der Zellmembran) ist der Serotonin-Transporter im menschlichen Körper. Dieser transportiert das Glückshormon nicht nur im Gehirn, sondern auch in zahlreichen anderen Organen (z. B. im Darm) und kommt auch im Blut vor.

Das Ruhezustandsnetzwerk (Default Mode Network) ist vor allem in Ruhe aktiv und verarbeitet Inhalte mit starkem Selbstbezug. Erkenntnisse der vergangenen Jahre zeigten, dass es während komplexer Denkaufgaben aktiv unterdrückt wird, was unabdingbar für eine ausreichende Konzentrationsleistung ist.

Es fällt depressiven Menschen schwer, dieses Netzwerk bei Denkvorgängen zu unterdrücken, was zu negativen Gedanken und Grübeln und auch zu Konzentrationsschwierigkeiten führt.

Quelle: *Christian Scharinger, Ulrich Rabl (unter der Leitung von Lukas Pezawas) an der Abteilung für Biologische Psychiatrie, Universitätsklinik für Psychiatrie und Psychotherapie der medizinischen Universität Wien, in Zusammenarbeit mit Gruppen des Sonderforschungsbereiches SFB-35 und anderen Institutionen der mediz. Uni. Wien sowie internationalen Kooperationspartnern (Technische Universität Dresden; Zentralinstitut für Seelische Gesundheit, Mannheim) An der mediz. Uni. Wien waren neben weiteren Kollegen/Koleginnen der Universitätsklinik für Psychiatrie und Psychotherapie das Exzellenzzentrum für Hochfeld-MR, das Klinische Institut für Labormedizin und das Institut für Pharmakologie an der Studie beteiligt.*

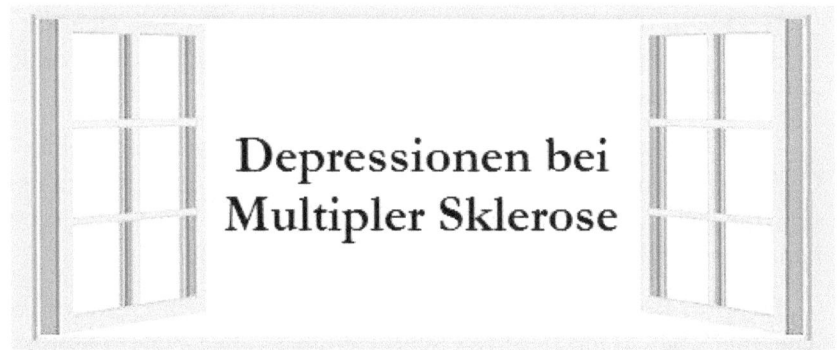

Depressionen bei Multipler Sklerose

Menschen, die an Multipler Sklerose (MS) erkrankt sind, haben ein höheres Risiko, an Depressionen zu erkranken.

Der Grund ist, dass es an der psychischen Belastung liegt, die solch eine chronische Erkrankung mit sich bringt. Zum anderen kann Multiple Sklerose selbst durch neuropsychologische Vorgänge eine Depression auslösen.

Die Diagnose „Multiple Sklerose" hat einen gravierenden Einfluss auf das Leben des Erkrankten. Die psychische Belastung löst oft eine Depression aus (reaktiven Depression). Auch die „Erschöpfungsdepression" ist eine Art von Depression. Diese macht sich nach einer langen „andauernden und psychischen Belastung" bemerkbar.

Die Krankheit (Multiple Sklerose) ruft mitunter selbst Depressionen hervor (organische Depression). Bei der dualen Erkrankung werden das Myelin und die Nervenfasern im Gehirn durch entzündliche Prozesse geschädigt und langfristig abgebaut.

Eine Schädigung der Bereiche des Gehirns (wo Emotionen gesteuert werden) kann eine Vielfalt von psychischen Symptomen sowie Depressionen zur Folge haben. Auch können Depressionen als Nebenwirkung verschiedener Medikamente (z. B. Kortison) auftreten.

Das Risiko für die Entwicklung einer Depression im Verlauf der Multiplen Sklerose (MS) ist etwa dreimal größer als das bei Menschen ohne Multiple Sklerose.

Gerade in der Anfangszeit, wenn noch unklar ist, wie sich die Erkrankung entwickelt, ist die Gefahr groß, in eine depressive Verstimmung abzurutschen.

Die Depressionen bei Multipler Sklerose beeinflussen neben der Gefühlswelt auch die allgemeine und körperliche Funktionsfähigkeit und Befindlichkeit. Körperliche Beschwerden und Probleme verstärken sich und wirken dann wiederum auf die Depression.

Es gibt Beobachtungen, die sagen aus, dass eine „Interferon-Therapie" bei Menschen, die schon einmal unter einer Depression gelitten haben, ein Wiederauftreten begünstigen kann.

Dies ist aber nach Ansicht von Experten kein Grund, auf eine Interferon-Therapie zu verzichten.

Die Entstehung einer Depression ist so komplex, dass es schwierig ist, eine einzige Ursache auszumachen – hier spielen genetische, seelische und körperliche Faktoren zusammen.

Hinzu kommt, dass alleine die Diagnose „Multiple Sklerose" zu einer Depression führen kann – manchmal in der unklaren Anfangsphase oder auch während eines MS-Schubes.

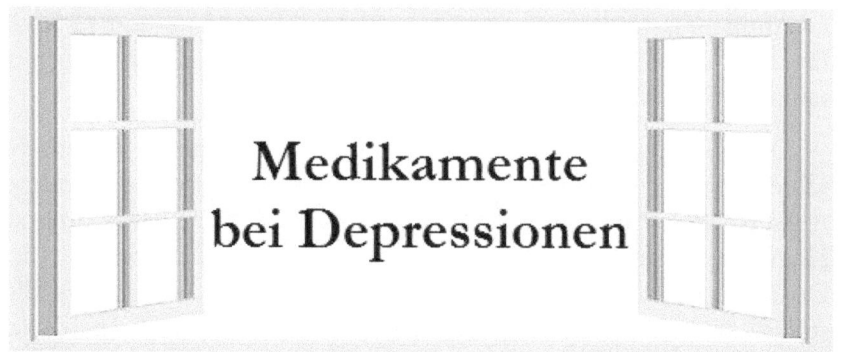

Medikamente bei Depressionen

Bis heute ist immer noch nicht genau bekannt, wieso Antidepressiva überhaupt helfen und die Meinungen darüber gehen weit auseinander. Sie werden von manchen verteufelt und für andere sind sie ein Segen der modernen Medizin. Viele Patienten nehmen die Risiken und Nebenwirkungen in Kauf, um aus dem Seelentief heraus zu kommen.

Es wurde jedoch festgestellt, dass diese Medikamente die Signalübertragung der Nervenzellen im Gehirn verändern, so dass die Botenstoffe Serotonin und Noradrenalin besser bei der Übertragung der Nervenreize wirken können.

Die Einnahme von Antidepressiva sollte unbedingt unter ärztlicher Überwachung stehen und möglichst parallel zu einer Psychotherapie stehen. Antidepressiva sind eine gute Möglichkeit, schwer depressiven Menschen zu helfen.

In der Regel brauchen Antidepressiva mehrere Wochen, bis die volle Wirkung zum Tragen kommt. Schon nach wenigen Tagen spürt der Patient einige Effekte wie zum Beispiel ein gesteigerter Antrieb, aber erst nach einigen Wochen tritt die volle Wirkung ein.

Einige Ärzte schwören auf neue Medikamente wie z. B.: SSRI, SNRI oder NARI. Ältere Antidepressiva haben oft gravierendere Nebenwirkungen, neuere Medikamente dafür andere, nicht so ausgeprägte Nebenwirkungen.

Antidepressiva können vom Neurologen, Psychiater und auch vom Hausarzt verschrieben werden. Beim Hausarzt sollten Sie jedoch auf seinen Informationsstand achten!

Die Wirkung der Antidepressiva kann von Patient zu Patient verschieden sein. Empfohlene Standarddosierungen sind also nur ein Anhaltspunkt. Sollte nach mehreren Wochen keine Besserung der Krankheit eingetreten sein, ist es erforderlich, vom Arzt eine neue Dosierung durchführen zu lassen. Erst wenn auch der richtige Blutspiegel keine Wirkung zeigt, sollte man an ein anderes Präparat denken.

Im Normalfall beträgt die Anwendungsdauer einige Monate bis zu einigen Jahren, das hängt immer von der Schwere der Depression ab.

Erst nach einer klaren Besserung der Erkrankung erfolgt oft eine 4- bis zu 12- monatige Erhaltungstherapie.

Bei Risikofaktoren wie Selbstmordgedanken (oder schon Versuche) sowie, Patienten, die in der jüngsten Vergangenheit zwei Episoden hatten, werden oft mindestens fünf Jahre weiterbehandelt.

Wichtig dabei ist, dass Antidepressiva nie abrupt abgesetzt werden dürfen. Man lässt sie langsam ausschleichen. Dies bedeutet, man verringert nach und nach die Dosis, bis man sie komplett absetzt.

Laut Aussage von Ärzten, haben Antidepressiva keine betäubende oder halluzinogene Wirkung, manche Patienten klagen aber nach dem Absetzen über grippeähnliche Symptome. Es können sich auch Schlafstörungen bemerkbar machen.

Antidepressiva verändern auch nicht die Persönlichkeit eines Menschen, viele Ängste über ihren Einsatz sind unbegründet.

Medikamente, die oft verordnet werden:

- Amitriptylin
- Citalopram
- Doxepin
- Duloxetin
- Fluoxetin
- Hypericum perforatum (Johanniskraut)
- Mirtazapin
- Moclobemid
- Paroxetin
- Sertralin
- Trimipramin
- Venlafaxin

Der Arzt probiert manchmal verschiedene antidepressiv wirkende Medikamente aus, bevor er das wirksamste Medikament findet und manchmal muss auch die Dosierung erhöht werden.

Eine antidepressive Medikation muss regelmäßig 3 bis 4 Wochen (manchmal auch bis zu 8 Wochen) lang genommen werden, bis die volle therapeutische Wirkung eintritt.

Nehmen Sie auf keinen Fall ohne Befragen Ihres Arztes verschiedene Medikamente gemeinsam ein - egal ob diese Medikamente verschreibungspflichtig oder frei verkäuflich sind.

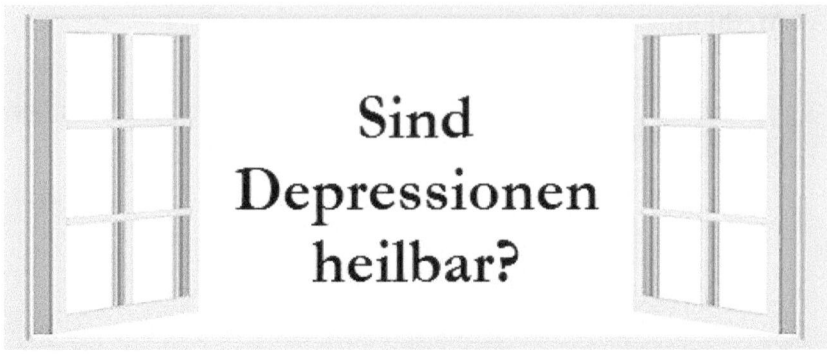

Sind Depressionen heilbar?

Depressionen sind heilbar. Sie verlaufen meistens phasenhaft – das heißt, es treten Episoden auf, die spontan wieder abklingen.

Man sollte sich aber nicht darauf verlassen.

Es ist eher davon auszugehen, dass die Neigung (Empfänglichkeit) zur Entwicklung einer erneuten Episode, ein Leben lang bestehen bleibt. Es ist wichtig, dass man alles daran setzt, das Rückfallrisiko durch geeignete Maßnahmen zu minimieren. Dabei kommt neben Medikamenten vor allem der eigenen Psychohygiene eine entscheidende Bedeutung zu. Die kognitive Verhaltenstherapie oder andere Formen der psychotherapeutischen Hilfe können diesen Prozess erfolgreich unterstützen.

Der zwischenmenschliche Kontakt, der besonders wichtig ist für depressive Menschen, ist oft gestört. Chronisch depressive Kranke können sich nicht nur weniger als andere anpassen – sie ziehen sich auch resigniert zurück. Gleichzeitig schockieren sie durch nörgelndes Appellationsverhalten (Hilferufe), brüske Zurückweisungen oder regelrechte Feindseligkeiten.

Ratschläge für Angehörige

Der depressive Mensch lebt vorübergehend in einer anderen Welt, die gesunde Menschen nicht verstehen können. Diese Welt besteht oft aus Schuldgefühlen, Pessimismus und mangelndem Selbstvertrauen.

Vielleicht war dieser Mensch vorher ein lebensfroher, realistisch denkender und aktiver Mensch und plötzlich zieht sich dieser in sein Schneckenhaus zurück und verfällt in eine seelische und körperliche Passivität.

Dies kann ein Außenstehender, der nichts über die Erkrankung weiß, NICHT verstehen. Auf ihn wirkt dieser depressive Mensch teilnahmslos, apathisch, entscheidungsschwach, gefühlskalt, kraftlos, empfindlich oder faul. Depressionen können einen Menschen völlig verändern!

Zum Beispiel ist es möglich, dass ein früher lebenslustiger Freund/Partner... auf einmal schwunglos wird, an innerer Leere leidet, Hoffnungslosigkeit empfindet und Schuldgefühle hat. In dieser Hilflosigkeit entwickeln Angehörige oft selbst Schuldgefühle und Ärger gegenüber dem Erkrankten. Hält diese depressive Phase längere Zeit an, können sich auch bei den Angehörigen Erschöpfung und eine Überlastung entwickeln.

Eine große Hilfe für Angehörige bringen Selbsthilfegruppen. Besprechen Sie sich auch mit ihrem Arzt, welche Hilfen es gibt.

Wie auch bei allen anderen schweren Krankheiten, sollten Sie so schnell wie möglich ärztlichen Rat einholen. Haben Sie bitte keine

Scheu und ergreifen Sie die Initiative und vereinbaren Sie für den Erkrankten einen Arzttermin.

Depressive Menschen suchen häufig die Schuld für ihr Befinden bei sich selbst und sind selbst der Meinung, nicht zum Arzt zu müssen. Es fehlt ihnen auch oft die Kraft, sich zu einem Arztbesuch aufzuraffen. Hier ist die Unterstützung der Angehörigen beim Gang zum Arzt SEHR wichtig.

Erinnern Sie den Patienten daran, dass seine Depression eine Erkrankung ist, wie eine Erkältung – und ihm auch geholfen werden kann. Zeigen Sie Geduld mit dem Erkrankten und lassen Sie sich nicht auf einen Streit darüber ein, ob seine negative Sichtweise „objektiv" gerechtfertigt sei, oder auch nicht. Die Diskussion wird keinen Erfolg bringen.

Stellen Sie die körperlichen Missempfindungen und Krankheitsängste des Patienten nicht als übertrieben oder „nur psychisch bedingt" hin – depressive Menschen dramatisieren ihr Erleben nicht. Es ist die Depression, die auch leichte bis schwere Schmerzen oder Missempfindungen ins kaum Erträgliche steigern.

Es ist sehr wichtig, dass Sie sich nicht von Ihrem Angehörigen abwenden, auch wenn er Ihnen noch so abweisend erscheint.

Ratschläge, dass ein depressiver Mensch für ein paar Tage verreisen sollte oder ein paar Tage einfach mal abschalten könnte, bringen nichts. Eine fremde Umgebung verstört den Patienten meist zusätzlich. Ihm zu sagen, dass er sich zusammennehmen soll, ist auch keine gute Idee. Er kann diese Forderung nicht erfüllen. Dieser Ratschlag verstärkt womöglich noch seine Schuldgefühle und seine Depressionen werden schlimmer.

Seien Sie sich immer bewusst, dass Depressive die Realität in vielen Dingen durch die „depressive Brille" sehen – das heißt, VERZERRT sehen und deshalb Entscheidungen treffen, die sie später wieder anders treffen würden. Für Patienten und Angehörige ist es wichtig, sich durch Bücher oder Videos frühzeitig und umfassend über die Erkrankung zu informieren.

Angehörige gehen sehr unsicher mit Selbstmorddrohungen um, aber solche Äußerungen MUSS man ernst nehmen! Das Vorurteil, dass ein Mensch, der davon spricht, dies nicht tun wird, ist falsch!

Ein Selbstmordgedanke entspricht nicht einer bewussten Überlegung des Depressiven, sondern wird durch die Krankheit verursacht.

Versuchen Sie auf solche Äußerungen einzugehen!

Hören Sie dem Erkrankten ernsthaft zu und versuchen Sie den Betroffenen zu überreden, SOFORT seinen Arzt oder Therapeuten aufzusuchen oder bringen Sie den Erkrankten in das nächste Krankenhaus. Wenn der Patient nicht bereit ist, sich helfen zu lassen, dann schrecken Sie NICHT davor zurück, selbst einen Arzt, notfalls auch die Polizei anzurufen.

Lebt ein depressiver Mensch in einer Partnerschaft, ist dies für den Partner eine große Anstrengung. Eine Partnerschaft lebt vom gegenseitigen GEBEN und NEHMEN, doch Menschen in einer depressiven Phase sind zwar stark auf Unterstützung angewiesen, aber kaum in der Lage, etwas zurückzugeben.

Ebenso leidet auch die Sexualität, denn bei depressiven Menschen erlischt oft das Interesse am Sex. Dies bedeutet nicht, dass der depressive Partner Sie ablehnt. Nicht selten enden Beziehungen wegen dieser Erkrankung des Partners.

Oft entwickelt der Partner von depressiven Menschen selbst Schuldgefühle. Dauert eine Depression länger an, stellt sich oft ein Gefühl von Überforderung und Erschöpfung ein. Der nicht an Depressionen erkrankte Partner wird emotional stark belastet.

Ernährung

Die Ernährung trägt bei vielen Erkrankungen eine wichtige Rolle, so auch bei Depressionen. Die beste Versorgung mit allen Mikronährstoffen (Mineralstoffe, Vitamine, Spurenelemente, sekundäre Pflanzenstoffe etc.) ist dringend anzuraten.

Es gibt Mikronährstoffe, denen werden positive Effekte auf die Stimmungslage nachgewiesen, sie sind aber mit vielen Kohlenhydraten versehen – diese belasten aber den Stoffwechsel.

Unsere Nahrung hat einen großen Einfluss auf unser seelisches Befinden – man kann die Produktion von Glückshormonen durch die tägliche Nahrung beeinflussen. Hier spielt der Eiweißbestandteil Tryptophan eine große Rolle. Der Körper kann Tryptophan nicht selbst herstellen, d. h. wir müssen es mit unserer Nahrung aufnehmen.

Besonders tryptophanhaltig sind:

- Nüsse

- Samen

- Cashewnüsse

- Sonnenblumenkerne

- Weizenkeime

- Kalbsfleisch

- Rindfleisch

- Emmentaler Käse

Damit Tryptophan in das Glückshormon (Serotonin) umgewandelt werden kann, werden eine Reihe von Vitaminen und andere Mikronährstoffe benötigt.

Die Wohlstandskrankheiten in unserer industriellen Zeit nehmen deutlich zu. Vornehmlich haben sie ihre Ursachen durch falsche Ernährungsgewohnheiten. Zurzeit gibt es unzählige Diäten und Trends und es ist anstrengend, sich mit all den widersprüchlichen und häufig schwer verständlichen Theorien auseinanderzusetzen. Mit der richtigen Ernährung lassen sich auch viele Begleiterscheinungen des Älterwerdens verhindern - wir haben unsere Gesundheit und unser biologisches Alter zu einem großen Teil selbst in der Hand.

Hinter vielen Ernährungsbüchern stecken Firmen, denen es nur darauf ankommt, großen Profit zu machen.

So findet man im Internet und in Katalogen unzählige Angebote von Nahrungsergänzungsmitteln. Auch auf Kaffeefahrten kann man sie erwerben.

In letzter Zeit wurde noch ein weiterer Vertriebsweg bekannt:

- Fitnesstrainer

- Physiotherapeuten

- Massagepraxen

- und einzelne Ärzte vertreiben in ihren Praxen Nahrungsergänzungsmittel oder ähnliche Produkte

Dies verstößt jedoch gegen geltendes Recht. (Verbraucherzentrale Hessen – 13.07.2012 – Artikel: Nahrungsergänzungsmittel: Die Wunder der Hersteller und die Wahrheit der Präparate). Was ist nun eigentlich gesund?

Im Fachblatt „Journal of the American Medical Association" schreiben Wissenschaftler: Wer den Kohlenhydratanteil in der Nahrung reduziert, tut seinem Stoffwechsel etwas Gutes, nimmt leichter ab und lebt womöglich gesünder!

Aber das Gegenteil könnte allerdings auch richtig sein. Im British Medical Journal schreiben Forscher, dass eine Ernährung, bei der die Kohlenhydrate eingeschränkt werden, mit einem erhöhten Risiko für Herzinfarkt und Schlaganfall zu rechnen ist.

Und nun? Das Journal of the American Medical Association und das British Medical Journal gelten als die angesehensten Medizinjournale weltweit. Eigentlich sollten uns Ernährungswissenschaftler erklären können, was gesund ist!

Es braucht keine lange Recherche um festzustellen, dass sie sich häufig widersprechen. So werden einmal weniger Kohlenhydrate empfohlen, dann heißt es, dies erhöhe das Risiko für Herzinfarkt und Schlaganfall. Der Streit um mehr oder weniger Kohlenhydrate ist kein Streit, sondern lediglich Windmacherei aufgrund verschiedener Beschreibungen von Ergebnissen.

Aufgrund der Erkenntnisse und der kontroversen Meinungen, gibt es derzeit keine übereinstimmende und eindeutige Ernährungspyramide von unabhängiger Seite.

Ernährungs-Gurus und Firmen sind wie Pilze in die Höhe geschossen und haben mit ihren Ernährungspyramiden komplizierte Rechenaufgaben aufgestellt: es muss in jeder Mahlzeit Punkte oder Kohlenhydrate, Fett und Eiweiß ausgerechnet werden.

In dem schlichten Tätigkeitswort „Ernährung" gibt es Welten, Planeten und Galaxien zu entdecken und sie müssen dauernd neu erforscht werden.

Die Wechselwirkung von Ernährung und Gesundheit ist evident und das Essen ist eine Lebensaufgabe. Eine richtige und gesunde sowie ausgewogene Ernährung ist ohne Zweifel eine der größten gesundheitspolitischen Herausforderungen der nächsten Jahrzehnte. Oft entwickelt sich die Ernährung zu einem großen Stressfaktor.

Wir müssen essen, aber dies stellt uns mehrmals täglich vor neue Aufgaben. Eine Betrachtung darüber, was uns den Bauch füllt, aber auch auf den Magen schlagen kann. Oft merken wir viel zu spät, dass wir uns lange Zeit falsch ernährt haben.

Essen ist Leben! Wir Menschen können nur überleben, wenn wir essen und trinken. Essen und Trinken sind mehr als nur Grundbedürfnisse des Menschen. Essen gehört zu unserer Kultur und zu unserem geselligen Leben. Für manche ist Essen sogar eine Weltanschauung. Essen macht uns zufrieden, gibt uns Kraft und trägt zu unserem Wohlbefinden bei.

Wer wagt es, die Ursachen der seit Jahrzehnten schleichenden Krankheiten mit Konservierungs- und Bleichverfahren des Getreidekornes in Verbindung zu bringen? Der englische Ernährungsforscher Mr. Abel Haywood hat das Brot und das Getreide „Stoffe des Todes" genannt. Er schrieb: Durch die unverdaute Stärke (Mehl, Kartoffeln, Reis etc.) entstehen Darmpilze.

Zum Beispiel mag es der Candida-Pilz feucht und wächst prächtig (meist im Dünndarm) bei regelmäßiger Nahrungszufuhr durch Kohlenhydrate (Zucker).

Im Schaub Institut gibt es über 200 Bücher und Unterlagen von verschiedenen Ernährungsformen. Fast alle kommen zu einem gemeinsamen Ergebnis, dass zwischen Nahrungswahl und Gesundheitszustand ein Zusammenhang besteht. Unsere Verdauungsorgane sind das Wurzelsystem unseres Körpers. Verbraucher sollten die Zutatenliste vieler vermeintlich gesunder Lebensmittel genauer unter die Lupe nehmen. Besonders kritisch für Betroffene ist zugesetzte „freie" Fruktose auf Getreidebasis, die nicht aus den im Lebensmittel verarbeiteten Früchten stammt.

Ob ACE-Vitamingetränke, Getränke, Joghurts, Frühstückszerealien oder Produkte für Diabetiker - wer damit seinen Durst oder Hunger stillt, nimmt viel Fruchtzucker auf. In vielen Produkten stecken mehr als 20 Gramm Gesamtfruktose pro Portion. Der Fruchtzucker gilt fälschlicherweise immer noch als gesund, bleibt aber trotzdem Zucker.

Der Fruchtzucker bereitet dem Darm mehr Probleme als der übliche Haushaltszucker. Die Folge sind heftige Durchfälle und starke Blähungen. Ein Drittel der Deutschen leiden darunter. Der Darm ist das Zentrum des Körpers, so lautet eine alte medizinische Weisheit. Oft stecken Nahrungsmittelunverträglichkeiten hinter diesen Problemen und manche Bestandteile bleiben jahrzehntelang im Darm erhalten. Es gibt neue Erkenntnisse aus der Physiologie – und das könnte das Konzept vom Dicksein revolutionieren.

Im Wissenschaftsmagazin „Nature" legen der Amerikaner Jeffrey Gordon und seine Kollegen von der Washington University School of Medicine (St. Louis), jetzt Ergebnisse vor, die allen bisherigen Konzepten über die Entstehung der Fettleibigkeit eine revolutionäre Wendung geben könnten. Gordon zeigt mit einer neuen Studie, dass auch die Gene unserer Mitbewohner, der Mikroben, eine Rolle spielen.

Diese Trillionen von Mikroben besiedeln unser Verdauungssystem. Die Anzahl dieser Bakterien, Pilze und Archaebakterien übersteigt die Zahl unserer eigenen Körperzellen um den Faktor zehn, und die Anzahl der dazugehörigen fremden Gene die Masse des menschlichen Erbguts sogar um ein vielfaches mehr.

Die Gene der Mikroorganismen übernehmen Funktionen, die im Bauplan des Menschen nirgends programmiert sind. Dazu gehört unter anderem der Abbau zahlreicher Nahrungsbestandteile, die wir selbst nicht verdauen und deshalb als Ballaststoffe kennen. Mikroben können aber sehr wohl etwas mit diesen Stoffen anfangen, zum Beispiel Zucker und sogar Fett daraus gewinnen.

Kann die bakterielle Beteiligung am Nahrungsabbau auch einen Einfluss auf unser Körpergewicht haben? Die Forscher analysierten und verglichen die Mikrobenwelten in den Därmen fettleibiger und schlanker Menschen. Tatsächlich fanden sie einen deutlichen Unterschied in der Zusammensetzung der zwei vorherrschenden Bakterienstämme.

Bei Fettleibigen war im Darm die Firmicutes, die sehr guten Nahrungsverwerter, besonders häufig. Der Anteil der weniger guten Futterverwerter, der Bacteroidetes dagegen, war bei fettleibigen Personen im Vergleich zur Darmflora von schlanken Menschen um bis zu 50 Prozent reduziert.

Die Firmicutes sind besonders effizient bei der Verdauung und Verarbeitung von komplexen Kohlenhydraten. Die Verdauungsenzyme können damit aber wenig anfangen, die Bakterien dagegen zerlegen sie effizient in für uns nahrhafte Zucker- und Fettmoleküle. Sie werden dabei von anderen Mikroorganismen unterstützt und interessant ist dabei auch, was hinten rauskommt. Ein von Firmicutes reicher extrahierter Kot enthält tatsächlich weniger Kalorien als Exkremente aus Bacteroidetes.

Hat die Darmbesiedlung damit aber wirklich einen Einfluss auf das Körperfett? Sollten dicke Menschen auf ballaststoffreiche Nahrung verzichten?

Eigentlich gelten Ballaststoffe ja als sehr gesund. Professor Michael Blaut (Institut für Ernährungsforschung) gab gegenüber der Frankfurter Allgemeinen Sonntagszeitung bereits im vergangenen Jahr zu bedenken: „Der Begriff Ballaststoffe ist eigentlich irreführend, manche davon sind fermentierbar.

Ob und wie effektiv das geschieht, hängt von der individuellen Darmflora ab." Jeffrey Gordon sagt es deutlicher: „Das lässt das ganze Konzept des Kaloriengehalts von Nahrungsmitteln wackeln." Denn letztendlich kommt es darauf an, was aus der Nahrung herausgeholt wird, und das kann ganz unterschiedlich sein.

Zivilisationskrankheiten entstehen durch stark kohlenhydratbelastete Lebensmittel, die täglich nach Meinung der Ernährungsexperten auf dem Tisch stehen sollten. Dabei übersehen sie, dass ein übermäßiger Verzehr von Kohlenhydraten einen zu hohen Blutzucker- und Insulinspiegel erzielt wird, der sich auch negativ auf die Eigenschaften der roten Blutkörperchen auswirkt. Die Elastizität der Blutkörperchen lässt nach, das hat zur Folge, dass das Blut dicker wird und das Schlaganfallrisiko nimmt zu. Messbar ist die Eigenschaftsveränderung der roten Blutkörperchen durch den Laborwert des Glykohämoglobin (HbA1c).

Quelle: Autonomes Institut f. Kreative Forschung, Dr. C. P. Ehrensperger

In Cleveland wurde an der Universität von Faramarz Ismail-Beigi an einer Studie mit 10.000 Diabetikern gezeigt, dass durch eine intensivierte Therapie Spätfolgen der Zuckerkrankheit wie Gefäßschäden nicht verzögert werden.

Eine strenge Diabetes-Therapie schadet den Patienten mehr als sie nutzt. Sie führt zu mehr Todesfällen und Herzinfarkten, wie eine US-Studie zeigt. Die vierjährige Studie musste überraschend abgebrochen werden – es kam zu mehr Todesfällen und Herzinfarkten. Alle Teilnehmer wurden auf eine mildere Therapie umgestellt. Dies war für viele Ärzte ein großer Schock - hatte man doch lange geglaubt, dass ein niedrig eingestellter Blutzuckerspiegel Leben rettet und Nervenschäden vorbeugen würde.

Einige Ärzte empfehlen depressiven Menschen die Low Carb Ernährung. Bitte besprechen Sie dies mit einem Arzt!

Was ist Low Carb?

Low Carb, die Reduktion von Kohlenhydraten, ist im Moment der populärste Diät-Trend. Eine Flut von immer neuen Ernährungsempfehlungen geistert durch die Medien. Welche Informationen zur Ernährung und Gesundheit sind glaubwürdig und wirklich fundiert?

Hinter vielen Sachinformationen stecken große Unternehmen mit Verkaufsinteressen und auch für uns Journalisten ist es fast unüberschaubar geworden. Dieser neue Trend erlaubt es Firmen, viele neue Produkte mit wenigen Kohlenhydraten auf den Markt zu werfen. Sie haben dazu ihre Verlage, ihre Seminare und ihre Buchautoren sowie dazu eigens eröffnete Foren und deren Mitarbeiter, die hinter den Kulissen mit Sprüchen wie „unterlassene Hilfeleistung" drohen, wenn man ihre Produkte nicht weiter empfiehlt. Im Gegenzug wird nur sehr oberflächlich auf biologische und medizinische Fragen eingegangen.

Das ist Grund genug, einmal kritisch nachzudenken. Übergewichtige und kranke Menschen waren schon immer ein lukrativer und leichtzugänglicher Markt für die Nahrungsmittelindustrie. Trotz den Skandalen um BSE, Genmanipulation und Hormonbehandlung ist es immer noch möglich, zu genießen und immer wichtiger, sich natürlich zu ernähren.

Die Ernährung ist nicht nur Energie- und Nährstoffzufuhr und somit Basis für die Lebenserhaltung. Ernährung ist auch soziale Interaktion, Kultur, Tradition und Genuss.

Unser Körper ist auf die Nahrung angewiesen, um leistungsfähig und gesund zu bleiben.

Die Ernährungsform „Low Carb" braucht keine zusätzlichen Nahrungsergänzungsmittel.

Ernährungswissenschaftler möchten uns erklären, wie wir uns gesund zu ernähren haben, leider ist es aber so, dass sie sich in ihren Daten oft widersprechen.

Im Volksmund wird den Kohlenhydraten eine Rolle in der seelischen Gesundheit beigemessen – man hat es uns seit vielen Jahren so beigebracht. Stressanfällige Menschen leiden zeitweise unter Depressionen und glauben ihre Stimmung durch eine kohlenhydratreiche Ernährung beeinflussen zu können. Eine eiweißreiche Nahrung hat den gleichen Effekt, belastet aber nicht so sehr den Stoffwechsel. Welche Informationen zur Ernährung und Gesundheit sind glaubwürdig und wirklich fundiert?

Über Kohlenhydrate wird nun seit ein paar Jahren viel geredet und viele fragen sich, was Kohlenhydrate eigentlich sind. Kohlenhydrate (KH) bestehen aus Zuckermolekülen. Das heißt aber nicht, dass alle kohlenhydratreichen Lebensmittel auch süß schmecken. Zum Beispiel enthalten Getreide (Brot, Kuchen, Nudeln) Kartoffeln oder Reis sehr viele Kohlenhydrate. Und auch in Obst sind reichliche Kohlenhydrate aufgrund des Fruchtzuckers enthalten. Wer also täglich seine fünf Portionen Obst isst, so wie es seit vielen Jahren empfohlen wird, hält seinen Zuckerspiegel damit konstant im oberen Bereich.

Low Carb (LC) ist ein englischer Begriff und bedeutet: „wenig Kohlenhydrate".

Es geht darum, die Kohlehydratzufuhr in der täglichen Nahrung deutlich zu reduzieren.

Es gibt sehr viel Literatur zum Thema Low Carb – ob Anhänger oder Gegner der LC-Ernährung, die Sachverhalte werden unterschiedlich beschrieben.

Eine „Kohlenhydratarme Ernährung" korrigiert den gestörten Stoffwechsel und hilft das Übergewicht zu verringern.

Der Blutzucker wird durch diese Ernährungsweise stabilisiert.

Diese Art der Ernährung entlastet den Körper in vielen Bereichen. Bei einer Reduzierung der Kohlenhydrataufnahme wirkt sich das nicht nur positiv auf den Blutzuckerspiegel aus, sondern auch auf die Bauchspeicheldrüse. Sie schaltet bei der Produktion des Hormons Insulin einen Gang runter, dadurch wird die Gefahr gebannt an Diabetes zu erkranken.

Eine „Kohlenhydratarme Ernährung" bedeutet nicht, auf Kohlenhydrate völlig zu verzichten. Diese Ernährung steht für eine verminderte Aufnahme von Kohlenhydraten.

Die Befürchtung bei der Ernährungsumstellung eine Mangelerscheinung zu bekommen, kann widerlegt werden.

Es ist schon eine Lebensumstellung kohlenhydratarm zu essen, besonders im Kreise der Familie und bei Freunden werden die Essgewohnheiten anfangs kritisiert und in Frage gestellt.

Die kohlenhydratarme Ernährungsform „Low Carb" ist ein großer Schritt in Richtung eines wesentlich gesünderen Lebens und ein Weg aus dem größten Ernährungsdilemma unserer Zeit, denn letztendlich kommt es darauf an, was aus der Nahrung herausgeholt wird, und das kann ganz unterschiedlich sein.

Eine gesunde Ernährung heißt vor allem, möglichst natürliche und abwechslungsreiche Kost und wer auf die Kohlenhydrate in der Ernährung achtet, braucht keine Diät.

Bewusstes Essen gepaart mit Bewegung hält fit und macht Spaß. Das allgemeine physische, physiologische und auch sozialpsychologische Wohlbefinden des Menschen liegt in der direkten Verbindung mit der Qualität der aufgenommenen Nahrung.

Unsere Gesundheit ist das Wichtigste in unserem Leben. Ihr Stellenwert wird oft erst bei Krankheit oder mit zunehmendem Alter erkannt.

Jeder kann frei entscheiden, wie er sich ernährt und hat damit großen Einfluss auf seine Gesundheit. Unser Immunsystem schützt uns vor Krankheitserregern wie Bakterien oder Viren und solange unsere körpereigene Abwehr funktioniert, stellt sie eine wirkungsvolle Barriere für Krankheitserreger dar.

Einige Rezept-Beispiele von Low Carb

Quelle: © *2015 LOW-CARB - 555 Rezepte / BEST OF*

Zum Beispiel: Brot ohne Mehl

WIR Deutschen lieben das Brot - nirgendwo sonst gibt es eine Vielfalt wie hierzulande. Immer mehr Menschen meiden es jedoch als Dickmacher und Quelle für verschiedene Verdauungsprobleme. Zahlreiche Bäckereiketten bieten Liebhabern eine Auswahl von über 300 Brotsorten und über 1000 Arten von Kleingebäck.

Low Carb Körner-Brot

Copyright by Jutta Schütz

Große Menge zum Einfrieren! (Zubereitung: zirka 1 Stunde)

Menge: Ergibt 10 Brote à 400 g

Pro Brot 8 – 10 Scheiben

Pro 1 Scheibe = 12 KH (Kohlenhydrate)

(2 Scheiben dieses Brotes machen so satt wie ein mittelgroßes Brötchen.)

Zutaten:

- 500 g Sesamkörner

- 500 g Leinsamen

- 400 g Sonnenblumenkerne (kann man auch weg lassen)

- 600 g gem. Mandeln

- 700 g Eiweißpulver (Erklärung am Ende des Rezeptes)

- 6 Päckchen Trockenhefe

- 1 gehäufter EL Salz

- 6 Eier

- 250 ml Bio-Olivenöl oder 250 g geschmolzene Butter

- 750 g sehr warmes Wasser

Zubereitung: Eine sehr große Schüssel nehmen, alle trockene Zutaten (auch die Trockenhefe) hinein geben und gut durchmischen. Anschließend alle nasse Zutaten hinzu geben und gut durchkneten. Der Teig bröselt etwas. Auf einer Waage je 400 g abwiegen und zu einer länglichen (Durchmesser: zirka 7 – 8 cm) Rolle formen. Die Rolle ist zirka 13 – 15 cm lang. Auf ein Backblech (mit Papier auslegen – NICHT einfetten) passen 6 Brote. Backzeit: zirka 45 Minuten bei 180 Grad.

Jedes Brot in zirka 8 – 10 Scheiben schneiden und einfrieren (Zwischen jede Scheibe ein kleines Stück Alufolie legen). Frisch hält sich das Brot zirka 3 – 4 Tage! Gefroren nach Bedarf auf den Toasten legen und jede Seite einmal toasten. Kohlenhydratangaben pro 100 g: Sesam: 10,2 - Leinsamen: 0,0 – Sonnenblumenkerne: 12,3 – Eiweißpulver: 1,5 – Mandeln: 5,0 – Trockenhefe: 0,0 – Eier: 0,0 – Olivenöl oder Butter: 0,0 (Zum Vergleich: 100 g Weizenmehl haben zirka 71,7 Kohlenhydrate!). *Weitere Infos sowie auch ein kostenloses pdf-Buch, finden Sie auf der Webseite der Autorin Jutta Schütz.*

Erklärung zum Eiweißpulver:

Eiweißpulver (Proteinpulver) als Mehlersatz

Das Eiweißpulver ist das Multitalent der kohlenhydratreduzierten Küche. Eiweißpulver als Mehlersatz wird immer beliebter in der Low Carb Ernährung, das Pulver hat je nach Firma einen Kohlenhydratwert von zirka 0,8 bis 5,0 pro 100 g.

Das Eiweißpulver wird von Sportlern „eigentlich" für den Muskelaufbau benutzt, es eignet sich aber auch sehr gut zum Backen und Kochen in einer kohlenhydratarmen Ernährung.

Man bekommt dieses Pulver in allen möglichen Geschmacksrichtungen (auch mit neutralem Geschmack) und kaufen kann man es in Sportgeschäften, Bodybuildershops, großen Supermärkten und Reformhäusern.

Wer mehr Infos über das Eiweißpulver erfahren möchte, gibt dieses Wort einfach als Suchfunktionswort ein.

Rinderhack mit Kürbis

Zutaten: 500 g Rinderhack, ¼ Kürbis, 1 kleine Möhre, 2 EL Zitronensaft, 2 EL Sojasoße, ½ TL Salz, ½ TL Currypulver (für das Hackfleisch), ½ TL Paprikapulver (süß) (für das Hackfleisch), 1 TL Salz (für das Hackfleisch), 3 Prisen Pfeffer (für das Hackfleisch), 2 EL Olivenöl (für das Hackfleisch), 2 EL Olivenöl

Zutaten für den Dip: 200 g Weich-Käse, 100 Weißwein, 2 EL flüssige Sahne, 50 g gehackte Walnüsse

Zubereitung: Hackfleisch mit Currypulver, Paprikapulver, Pfeffer und Salz würzen. Möhre klein häckseln, zum Hackfleisch geben, durchmischen. Pfanne heiß werden lassen und das Olivenöl hinzu geben. Kleine (Tennisballgröße) Hackfleischbällchen formen und auf jeder Seite zirka 12 Minuten garen. Auf Papier abtropfen lassen. Kürbis waschen, Kerne entfernen und in Spalten schneiden. Aus Zitronensaft, Sojasoße, Olivenöl, Currypulver und Pfeffer eine Marinade herstellen. Ein Backblech mit Backpapier auslegen, die Kürbisspalten darauf legen und mit der Marinade bepinseln. Im Backofen bei 180 Grad zirka 20 Minuten backen. Zwischendurch die Kürbisspalten noch einmal einpinseln, damit der Kürbis nicht zu trocken wird.

Zubereitung Dip: Weich-Käse, Weißwein, Sahne mit dem Mixer verrühren. Walnüsse sehr klein hacken und dazugeben. Kürbisspalten mit den Hackbällchen und dem Dip servieren.

Schweinefleisch mit Lachs

Zutaten: 250 g Räucherlachs (in 2 cm dünne Scheiben schneiden), 800 g Schweinenacken (in 2 cm dünne Scheiben schneiden), 800 g große Blätter Spinat (waschen, abtropfen lassen), ½ TL Salz, 3 – 4 Prisen Pfeffer

Zubereitung: 22 cm große Quadrate aus Alufolie schneiden (wie Fleischscheiben da sind) und mit einer dicken Schicht Spinatblätter belegen, darauf eine Scheibe Fleisch. Würzen und mit einer Scheibe Lachs belegen. Die Folie falten und die Ränder fest andrücken. Etwa 2 ½ Liter Wasser zum Kochen bringen und die Folienpäckchen hinein legen. 20 Minuten kochen lassen. Wenn es nötig ist, Wasser nachgeben. Beilage: Gemüse oder Salat.

Hackfleisch mit Joghurt

Zutaten: 600 g Hackfleisch, 250 g Naturjoghurt, 1 Tomate, 1 Essiggurken, 1 Zwiebel, 1 Apfel – alles klein schneiden, 1 TL Tomatenmark, ½ TL Salz, 2 Prisen Pfeffer

Zubereitung: Alles in einer Schüssel vermischen und in die Pfanne geben. Immer rühren. Gar werden lassen (35 Minuten). Mit grünen Bohnen oder anderem Gemüse servieren.

Puten-Curry mit Kokosnussmilch

Zutaten: 125 ml Kokosnussmilch, 150 ml Hühnerbrühe, 600 g Putenschnitzel, 20 g Ingwer, frisch, 20 g Knoblauchzehen, 100 g Zwiebeln, 170 g Paprika, grün, 200 g Bambussprossen, frisch, 2 EL Öl, 2 EL Curry, 2 TL Sojasoße, Salz und Pfeffer

Zubereitung: Kokosmilch und Hühnerbrühe in einen Topf geben und kurz aufkochen, danach Hitze reduzieren. Währenddessen Putenfleisch waschen, trockentupfen, in Streifen schneiden, in dem Topf mit der Kokosnussbrühe geben und für ca. 10 Minuten ziehen lassen. Derzeit Ingwer und Knoblauch schälen und sehr fein hacken. Zwiebeln schälen und stückeln. Paprika entstielen, entkernen, waschen und in Streifen schneiden. Bambussprossen ebenfalls in Streifen schneiden. Öl in einer großen Pfanne erhitzen, Ingwer, Knoblauch und Curry leicht anbraten. Mit einem Brühsieb das Fleisch aus der Kokosnussbrühe nehmen und beiseite stellen. Die Kokosnussbrühe in die Pfanne geben und für ca. 5 Minuten köcheln. Sämtliche Gemüsestreifen zur Kokosnussbrühe zufügen und für weitere 10 Minuten köcheln, danach die Putenstreifen untermischen und alles kurz wieder aufkochen. Zum Schluss mit Sojasoße, Salz, Pfeffer und evtl. nochmals mit Curry abschmecken.

Ente in Rotwein

Zutaten: 1 junge Ente, ¼ Liter Rotwein, ¼ Liter Brühe, ½ TL Salz, 2 Priesen Pfeffer, Saft von ½ Zitrone, Saft von ½ Orange, 4 EL klein geschnittene Ananasstücke (ungezuckert)

Zubereitung: Ente mit Öl bestreichen und in eine tiefe Backform legen. Zitronen/Orangen-Saft, Rotwein und Brühe sowie Gewürze über die Ente geben und bei 200 Grad 50 Minuten braten. 10 Minuten vor Garzeit die Ananas dazu geben.

Lammschulter gefüllt

Zutaten: 2 kg Lammschulter, 3 Lammnieren (hacken), 60 g Speck (klein schneiden),

1 Apfel (klein schneiden), 1 Zwiebel (klein würfeln), 1 Knoblauchzehe (klein würfeln), 2 Tomaten (klein schneiden), 2 EL gemahlene Mandeln, 1 EL gehackte Kräuter, ½ TL Salz, 2 – 3 Prisen Pfeffer, 1 Ei, 3 – 4 EL Olivenöl, 250 ml Fleischbrühe

Zubereitung: Speck, Apfel, Zwiebel, Knoblauch, Tomaten, Mandeln, Kräuter, Gewürze, und das Ei vermengen. Auf das Fleisch streichen und das Fleisch wie einen Rollbraten aufrollen (mit einem Netz oder Holzspieße verschließen). 2 – 2 ½ Stunden bei 200 Grad im Backofen braten. Den Braten öfters mit Öl bestreichen.

Elchsteaks mit Rotwein

Zutaten: 4 Elchsteaks, 2 kleine Zwiebeln, 200 ml Fleischbrühe, 2 EL Balsamico Essig, 3 EL flüssige Sahne, 2 TL süßer Senf, 1 EL Rotwein, 2 EL milder Sherry, 3 - 4 EL Olivenöl, 1 Prise Muskat, ½ TL Salz, 2 - 3 Prisen schwarzer Pfeffer

Zubereitung: Elchsteaks waschen und trocken tupfen. Zwiebeln schälen und vierteln. Olivenöl in einer Pfanne erhitzen, Steaks darin scharf anbraten, herausnehmen und beiseite stellen. Fleischbrühe, Essig, Sahne und Zwiebeln zufügen und aufkochen lassen. Rotwein, Sherry und Senf unterheben und mit Muskat, Salz und Pfeffer abschmecken. Elchsteaks in die Soße geben und ca. 10 - 15 Minuten ziehen lassen.

Avocado-Krabben-Quark

Zutaten: 2 Avocado, 500 g geschälte Krabben, 1 EL gehackte Kräuter Dill, 2 EL Zitronensaft, 200 g Sahne-Quark, 2 TL Wasabipaste, ½ TL Salz, 3 Prisen schwarzer Pfeffer, 1 TL Curry

Zubereitung: Avocado halbieren, Kern entfernen, schälen, in kleine Würfel schneiden und mit Zitronensaft beträufeln. Krabben, Kräuter, Quark und Wasabipaste vermengen. Avocado unterheben und mit Salz und Pfeffer würzen. Vor dem Servieren ca. 1 - 2 Stunden ziehen lassen.

Überbackene Austern

Zutaten: 18 Austern, 3 Becher Crème double, 1 TL Rosmarin, 2 TL Estragon, 2 EL Zitronensaft

Zubereitung: Austern öffnen, Austernsaft in der Schale belassen, Austern in der Schale auf ein Backblech legen. Creme double mit Estragon und Rosmarin mischen und auf den Austern verteilen. Im vorgeheizten Backofen 15 – 20 Minuten auf 220 Grad backen, bis die Creme goldbraun ist. Mit dem Zitronensaft beträufeln.

Zimtwaffeln mit Eiweißpulver

Zutaten: 4 Eier, 4 EL Öl, 4 EL Eiweißpulver (Vanille), 2 EL Joghurt, 4 EL Wasser, ½ Tütchen Backpulver, 1 TL Zimt

Zubereitung: Eier sehr schaumig rühren und restliche Zutaten darunter mischen. Im Waffeleisen die Waffeln goldgelb backen. Diese Waffeln kann man sehr gut frosten.

Kokosmakronen

Zutaten: 5 Eiweiße, 1 EL Zitronenpulver, 3 - 4 EL Streusüße, 200 g Kokosflocken

Zubereitung: Ergibt 9 große Kokosmakronen auf einem Blech! Eiweiß steif schlagen und vorsichtig nacheinander die Streusüße und das Zitronenpulver dazu geben. Die Kokosflocken unterheben. Bei 125 Grad ca. 35 - 40 Minuten im Backofen backen. Dann noch bei geschlossenem Backofen ca. 15 - 20 Minuten abkühlen lassen.

Haselnuss-Möhren-Muffins

Zutaten: 250 g geraspelte Möhren, 4 Eier (Eiweiß schaumig rühren), 50 g flüssige Butter, 4 TL flüssiger Süßstoff, 400 g gemahlene Haselnüsse, 2 TL Zimt, 1 Prise Salz

Zubereitung: Eier schaumig rühren und die restlichen Zutaten darunter mischen. Zum Schluss das Eiweiß unter heben. In die Muffins-Form (mit Papier) füllen und bei ca. 165 Grad 30 - 40 Minuten backen.

Erdbeerensalat mit Möhren

Zutaten: 1 kleiner Rettich, 1 Möhre, 1 Apfel, 500 g Erdbeeren, 1 kleiner Salat, 2 EL Zitronensaft, 1 EL Olivenöl, 3 – 4 Prisen Salz, 2 – 3 Prisen Pfeffer, 1 EL Honig

Zubereitung: Rettich schälen, in hauchdünne Scheiben schneiden. Mit Salz bestreuen, zirka 2 Stunden ziehen lassen, das Wasser dann abschütten. Die Erdbeeren waschen und je nach Größe vierteln. Apfel und Möhre schälen und raspeln. Salat waschen und in Stücke reißen. Die Rettichscheiben in eine Schüssel legen und mit den restlichen Zutaten (ohne den Blatt-Salat) mischen. Den Blatt-Salat auf zwei Teller verteilen und den Rettich-Salat darauf verteilen.

Spargelsalat mit Erdbeeren

Zutaten: 500 g Erdbeeren, 250 g grünen Spargel, 250 g weißen Spargel, 1 Rucola (Dekoration), 2 EL Zitronensaft, 3 EL Nussöl, Mark einer Vanilleschotte, ½ TL Pfeffer, ½ TL Salz

Zubereitung: Einen großen Teller mit Rucola dekorieren. Darauf wird im Anschluss der Erdbeer-Spargelsalat serviert. Den Spargel putzen und schälen (beim Grünen nur das untere Drittel). Den Spargel in mundgerechte Stücke schneiden und im Salzwasser dünsten. Dabei dem weißen Spargel 8 Minuten Vorsprung geben (er braucht länger). Abkühlen lassen. Spargel zusammen mit den Erdbeeren auf den Salat geben. Zitronensaft, Vanille, Gewürze Nussöl mischen und über den Salat geben.

Möhren-Kokossuppe

Zutaten: 2 Zwiebeln, 5 Möhren, 250 ml Kokosmilch (Dose), 400 g Tomatenstücke (Dose), 200 g Schmand, 1 EL Honig, 1 EL Kokosraspel, 250 ml Gemüsebrühe, 1 EL Olivenöl, 1 EL Currypulver, 1 TL Salz, 2 Prisen Pfeffer

Zubereitung: Möhren schälen und in Stücke schneiden. Zwiebeln schälen und fein hacken. Olivenöl in einem Topf erhitzen. Möhren, Zwiebeln, Tomaten zufügen, mit etwas Currypulver bestäuben und kurz anschwitzen. Gemüsebrühe zufügen, aufkochen und so lange kochen lassen, bis die Möhren gar sind. Mit dem Pürierstab pürieren. Kokosmilch, Honig und Schmand unterrühren. Mit Currypulver, Salz und Pfeffer abschmecken und mit den Kokosraspeln bestreuen.

Joghurt Suppe mit Spinat

Zutaten: 400 g Blattspinat oder 300 g TK-Spinat, 400 g Joghurt, 1 Zwiebel, 2 Knoblauchzehen, 1 Möhre, ½ Blumenkohl, 750 ml Wasser, 3 EL Olivenöl, 2 TL Salz für das Kochwasser, ½ TL Salz, 3 Prisen Pfeffer, 2 EL frische Kräuter

Zubereitung: Zwiebel, Möhre, Blumenkohl und den küchenfertigen Spinat klein schneiden. Das Olivenöl in einem hohen Topf erhitzen und die Zwiebel darin dünsten. Den Spinat, Möhre, Blumenkohl und das Wasser dazugeben und bei mittlerer Hitze mit geschlossenem Deckel zirka 35 Minuten kochen. In der Zwischenzeit den Joghurt in eine Schüssel geben. Den Knoblauch schälen, durch die Knoblauchpresse drücken und zu dem Joghurt geben. Mit Salz und Pfeffer würzen. Die Joghurtmischung zu dem garen Gemüse geben. Achtung: Die Suppe darf nicht mehr kochen! Mit Kräutern bestreuen.

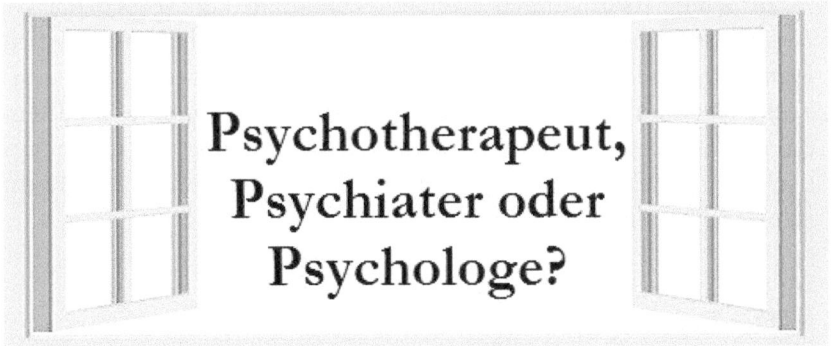

Psychotherapeut, Psychiater oder Psychologe?

Kennen Sie eigentlich den Unterschied zwischen Psychotherapeut, Psychiater oder Psychologe? Hilfesuchende sind hier schon überfordert. Es sind drei Begriffe und drei Berufsfelder, die gerne verwechselt werden.

Der Psychotherapeut

kann ein Psychologe oder ein Mediziner sein. Sie dürfen beide Kinder, Jugendliche und Erwachsene behandeln. Dazu zählen auch Pädagogen oder Psychologen, die nur für die Therapie von Kindern und Jugendlichen ausgebildet sind (Zu ihrem Grundberuf haben sie eine psychotherapeutische Zusatzausbildung abgeschlossen). Diese Berufsbezeichnung ist seit dem 01. Januar 1999 durch das Psychotherapeutengesetz geregelt.

Der Psychiater

ist ein Facharzt für seelische Erkrankungen oder Störungen und hat Medizin studiert. Er tritt von der körperlichen Seite an psychische Probleme heran und hat sich in seinem Studium mehr mit der Funktionsweise und den Erkrankungen des menschlichen Körpers beschäftigt, als mit der Psyche des Menschen. Er hat gelernt, seelische Erkrankungen mit Medikamenten zu behandeln.

In seiner mehrjährigen Facharztausbildung zum Psychiater (nach Abschluss seines Medizinstudiums) erwirbt er sich Kenntnisse über Entstehung und Verlaufsformen von Krankheiten des Geistes und der Seele. Er sollte fähig sein, die Krankheiten zu erkennen und zu behandeln (sehr oft mit Psychopharmaka). Die zusätzliche psychotherapeutische Ausbildung berechtigt ihn, auch eine Psychotherapie/Psychoanalyse auszuüben.

Der Psychologe

(Hochschulabsolvent – Fach: Psychologie)

Er beschäftigt sich damit, Gefühle, Gedanken und Verhalten zu beschreiben, sie zu erklären, vorherzusagen und gegebenenfalls zu ändern. Psychologen gehen von der psychischen Seite an psychische Probleme heran.

In dem akademischen Studium erwirbt sich der Psychologe in den verschiedenen Gebieten der Psychologie wissenschaftlich gesicherte Erkenntnisse sowie ein umfangreiches Wissen über menschliches Denken, Fühlen, Lernen und Verhalten.

Ein Psychologe/Psychotherapeut unterstützt den Patienten und verwendet keine Medikamente. Er unterstützt den Patienten durch eine bewusste Auseinandersetzung mit ihren Ursachen und/oder durch gezieltes Einüben neuer Verhaltensweisen. Falls eine organische Erkrankung mit behandelt werden muss und eine medikamentöse Therapie notwendig ist, arbeitet er mit Ärzten zusammen.

Sie gehen bei der Suche nach einer qualifizierten Behandlung immer sicher, wenn Sie sich bei seriösen Einrichtungen: z. B. Hausarzt, Krankenkassen, oder bei einem Psychotherapie-Informations-Dienst (PID) erkundigen. Was im Einzelfall die richtige Therapieform oder Kombination ist, kann der Laie schwer beurteilen.

Adressen und Telefonnummern von Psychotherapeuten finden Sie im Branchentelefonbuch. Sie können sich auch bei Ihrer Krankenkasse erkundigen, die verfügt über eine Adressliste anerkannter psychologischer Psychotherapeuten und Ärzte.

Wenn Sie sich einen Therapeuten ausgewählt haben, dann vereinbaren Sie einen ersten Gesprächs-Termin und klären Sie schon bei diesem ersten Kontakt, ob im Fall einer Behandlung die Krankenkasse die Kosten übernimmt.

Mit der Inanspruchnahme des Psychotherapeuten sind für Sie bis auf ihre Krankenversicherungskarte in der Regel keine Formalitäten verbunden. Das Antrags- und Genehmigungsverfahren wickelt der Psychotherapeut direkt mit Ihrer Krankenkasse ab und die Kosten der „genehmigten" Behandlung werden von der gesetzlichen Krankenkasse in voller Höhe übernommen.

Lebens-, Ehe- oder Erziehungsberatung zählen nicht zu den Kassenleistungen. Privatversicherungen haben unterschiedliche Regelungen, die man erfragen muss. Die Krankenkassen zahlen nur bei Therapeuten, die Diplompsychologen sind und eine anerkannte Therapeutenausbildung gemacht haben. Das kann ein diplomierter oder Master of Science Psychotherapeut sein. Heilpraktiker o. ä. werden nicht bezahlt.

Eine Psychotherapie bedeutet, dass die Seele behandelt wird. Sie bietet Hilfe bei Störungen des Fühlens, Denkens, Erlebens, Handelns, bei Depressionen, Schlafstörungen, Essstörungen, Süchte, Zwänge und Verhaltungsstörungen bei Kindern sowie auch bei psychosomatischen Störungen, die einen schädigenden Einfluss auf den Körper haben. Wer sich mit seelischen Problemen plagt und sie nicht alleine in den Griff bekommt, sollte sich wie auch bei körperlichen Erkrankungen nicht scheuen, professionelle Hilfe in Anspruch zu nehmen.

Die meisten Psychologen legten zu Beginn des 20. Jahrhunderts das Schwergewicht auf die ursächliche Betrachtungsweise und sie verstanden das Verhalten des Menschen vorwiegend als Wirkung frühkindlicher Erfahrungen. Alle Menschen sind ungleich, kein einziger verfügt über dieselben Charakterzüge, Talente, und Neigungen. Die Menschen werden durch die unterschiedlichen Umwelteinflüsse, durch unterschiedliche Erbanlagen geprägt. Man nimmt an, dass der geistigseelische Kern des Menschen bereits vor der Zeugung existierte und sich in einen physischen Leib inkarnierte.

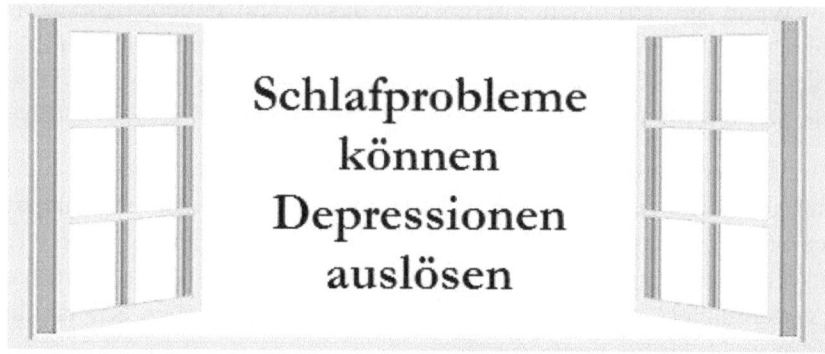

Schlafprobleme können Depressionen auslösen

Auch Schlafstörungen können ein Zeichen für eine Depression sein. Ein frühes Morgenerwachen bringt das Morgentief.

Man erwacht sehr früh und kann nicht wieder einschlafen. Dementsprechend geht es einem morgens besonders schlecht, während sich im Laufe des Tages das Befinden wieder bessern kann.

Nur wer regelmäßig ausreichend schläft ist leistungsstark, konzentrationsfähig und hat eine ausgeglichene Stimmung.

Für die Regeneration unseres Körpers und der Seele ist ein gesunder Schlaf sehr wichtig. Leiden wir an seelischen Störungen, Sorgen, Ängsten oder sind überfordert, ist ein gestörter Schlaf oft die Folge und es entsteht eine Spirale, durch die der Betroffene immer tiefer in eine Krise gerät.

Die Ursachen für das Auftreten der Schlafstörungen, die im Fachjargon übrigens unter dem Namen Insomnie bekannt sind, können vielfältig sein.

Unter Schlafstörungen versteht man:

- Einschlafstörungen

- Durchschlafstörungen

- Frühes Erwachen

Die Auslöser können sein:

- Stress

- Sorgen

- Krankheit

- Quälende Gedanken

- Spätes Essen

- Zuviel Kaffee oder schwarzer Tee

Schlafstörungen führen dazu, dass man müde und gereizt in den neuen Tag startet. Unter einem Schlafproblem leiden immer mehr Deutsche und sie wissen selten, woher ihre Schlafprobleme kommen. Oftmals ist jedoch der Stress im Alltag dafür verantwortlich.

Nicht behandelte Schlafstörungen können so zu Depressionen führen.

Gegen Schlafprobleme sind Kräuter gewachsen, was aber nicht bei jedem Schlafproblem hilft. Grundsätzlich werden Schlafprobleme von den Medizinern nicht als Krankheit angesehen, sondern lediglich als Symptom einer anderen Krankheit, doch gerade dann, wenn die Schlafprobleme über mehrere Wochen oder gar Monate anhalten, wird das Ganze für den Einzelnen zur Qual.

Eine erholsame Nachtruhe ist sehr wichtig, denn wenn wir schlafen regeneriert sich der Körper und die Immunabwehr stärkt sich. Dies verhindert ein vorzeitiges Altern. Wissenschaftliche Studien zeigen auch, dass ein gesunder Schlaf vor der Alzheimer-Erkrankung schützt.

Verschiedene Kräuter helfen beim Einschlafen:

- Baldrian kann die innere Unruhe mildern und man findet leichter in den Schlaf. Ob man den Baldrian als Tee, Tropfen oder Dragees einnimmt, ist dabei egal. Dieses Kraut hilft zu entspannen auch wenn es nicht zur Ermüdung führt. Es ist sehr zu empfehlen für Menschen, die nicht abschalten können und mit Sorgen wach im Bett liegen.

- Ein Melissenbad kann auch sehr gut helfen, wenn Sie eine Badewanne zu Hause haben. Die Wanne zur Hälfte mit warmem Wasser füllen und zirka 50 g Melissenblätter dazu geben. Sollten Sie keine Badewanne haben, versuchen Sie sich damit zu duschen.

- Einem Lavendel-Hopfen-Kissen sagt man nach, dass es harmonisiert durch seinen Duft und der Seele hilft beim Einschlafen. Rezept: 100 g Lavendel und 50 g Hopfenblüten in ein Leinen- oder Seidenkissen füllen. Legen Sie dieses Kissen auf das Kopfkissen im Bett und drücken Sie es ein paar Mal, bevor Sie schlafen. Es entwickelt sich ein beruhigender Duft und diese Wirkung kann man zusätzlich noch mit ein paar Tropfen echten Lavendelöl verstärken. Einfach auf das Kissen träufeln.

- Ein weiterer Tipp ist, eine Handvoll Anis-Samen in eine Schüssel geben und mit kochendem Wasser übergießen und mit einem Handtuch über dem Kopf diesen Dampf zirka 10 Minuten einatmen.

- Man kann es kaum glauben, aber Bohnenkaffee hat eine besondere Wirkung bei Menschen, bei denen andere Beruhigungsmittel nichts bringen. Dies kann der Fall sein, wenn die Schlafstörung aufgrund einer schlechten Hirndurchblutung ausgelöst wird. Dann wird empfohlen, eine nicht zu heiße Tasse Bohnenkaffee vor dem Schlafengehen zu trinken.

Rezepte für Tees:

- Hopfenblütentee: 3 TL Hopfenblüten mit 300 ml kochendem Wasser übergießen und 15 Minuten ziehen lassen. Zirka 30 – 50 Minuten vor dem zu Bett gehen trinken.

- Baldriantee: 1 g Baldrian mit 250 ml kochendem Wasser übergießen und 5 Minuten ziehen lassen, danach absieben und 30 – 50 Minuten vor dem zu Bett gehen trinken. Sie können beide Tees auch miteinander mischen.

- Frauenmanteltee: Gegen Schlaflosigkeit nehmen Sie: 10 g Frauenmantel, 30 g Hopfen, 20 g Enzian, 10 g Melisse, 20 g Baldrian, 30 g Thymian und 30 g Schlüsselblume. Die Kräuter miteinander mischen. Für einen halben Liter Tee nimmt man 2 EL von dieser Kräutermischung und kaltes Wasser, das man zum Kochen bringt. 10 Minuten ziehen lassen, absieben und vor dem Schlafengehen trinken.

- 3 Basen-Kräutertee: 20 g Baldrian, 20 g Melisse und 20 g Lavendel mischen. Diese Mischung hat eine schlaffördernde Wirkung. Nehmen Sie einen TL von dieser Mischung und übergießen ihn mit einer heißen Tasse Wasser. 10 Minuten ziehen lassen und sieben. 30 – 50 Minuten vor dem Schlafengehen schluckweise trinken.

- Bei Kindern kann ein Schlafkissen helfen: Nehmen Sie dazu je eine Handvoll Baldrianwurzeln, Kamille, Rosmarin, Salbei, Farnkraut, Zitronenmelisse und 10 g Mistelbeeren sowie 10 g Arnikablüten. Die Kräutermischung in ein Leintuch vernähen und unter das Kopfkissen legen. So kann das Kind den ausströmenden Duft einatmen. Duftkissen halten zirka 2 Monate.

Es helfen auch Bäder:

- Nehmen Sie 6 Tropfen ätherisches Kamille- oder Lavendelöl und geben alles ins Badewasser. Nicht länger als 15 Minuten darin baden.

- Das Ölbad mit Orangenblüten ist schon lange bekannt als schlaffördernd. Geben Sie 5 Tropfen Öl in Ihr Badewasser und baden Sie auch nicht länger als 15 Minuten. Wenn sie unter Hauterkrankungen leiden, können wir es leider nicht empfehlen.

Erfolgreich bei Schlafstörungen sind auch homöopathische Mittel:

- Avena sativa: Komplex-Mittel mit Hafer, Baldrian und Passionsblume.

- Ambra grisea ist ein homöopathisches Mittel, das im Alter und bei Überarbeitung helfen kann.

- Nux vomica (Brechnuss) hilft Menschen, die sehr hektisch sind und bis spät in die Nacht keine Bettruhe finden. Sie hilft auch bei übermäßigem Kaffeegenuss.

Burnout

Sicherlich haben Sie in der letzten Zeit vermehrt den Ausdruck „Burnout" gehört. 1970 tauchte dieser Begriff in den Vereinigten Staaten im Zusammenhang mit Pflegeberufen auf.

Der Roman „A Burnt-Out-Case" von Graham Greene machte diesen Begriff populär. Es geht um einen Aussteiger (Architekt), der seinen Beruf aufgab, um im afrikanischen Dschungel zu leben.

1974 wurde der erste wissenschaftliche Artikel zu diesem Thema veröffentlicht (Psychologe Herbert Freudenberger und Sozialpsychologin Christina Maslach).

In der Internationalen Klassifikation der Erkrankung (ICD-10) wird „Burnout" als „Ausgebrannt sein" und „Zustand der totalen Erschöpfung" beschrieben. Burnout ist eine Zusatz- oder Rahmendiagnose, aber keine Behandlungsdiagnose, die zum Beispiel die Einweisung in ein Krankenhaus ermöglichen könnte. Dagegen ist aber die Feststellung einer Depression eine Behandlungsdiagnose (Stand: 2013).

Wer viel leisten muss, aber fortlaufend entmutigt wird, gibt sich in die Gefahr, dass die Psyche nachhaltig leidet. Man reagiert dann mit schwerer Erschöpfung.

Als Risikofaktor dafür gilt auch eine hohe Arbeitsbelastung, wenn sie dem Beschäftigten keinen Freiraum lässt, um seine Arbeit individuell zu gestalten.

Treffen kann die Burnout-Krankheit prinzipiell jeden.

Rund 15 Prozent der Deutschen sind einmal im Leben über eine längere Zeitspanne damit konfrontiert. Die Menschen und der Stress – zusammen ist das so wie ein unglückliches Liebespaar, das nicht voneinander lassen kann. Sie können nicht ohne einander und es endet dann oft in einer Katastrophe.

Der chronische Stress wirkt sich auf Organismus und Psyche aus und kann zu Herzinfarkten, Infektionen und Magen-Darm-Beschwerden führen.

Burnout hat viele Gesichter und die Fachleute nennen bis zu 130 Anzeichen, die das Phänomen auslösen kann.

Ob und wann ein Mensch ein Burnout erleidet, hängt von seiner Persönlichkeit ab. Sven Hannawald, Frank Schätzing, Rosenstolz-Sänger Peter Plate – die Liste der Prominenten, die nach eigener Aussage an Burnout erkrankt waren, ließe sich um viele Namen erweitern.

Die vollkommene emotionale Erschöpfung kommt aber nicht nur bei Menschen vor, die im Rampenlicht stehen.

Die Weltgesundheitsorganisation (WHO) hat beruflichen Stress zu einer der größten Gefahren des 21. Jahrhunderts erklärt. Burnout ist zu einer wahren Volkskrankheit geworden und viele merken zu spät, dass sie selbst betroffen sind.

Was wäre, wenn es Burnout gar nicht gäbe?

Das behauptet nämlich ein Psychiater! Manfred Lütz (Psychiater) geht in seinem Buch mit seinen Kollegen hart ins Gericht. Er behauptet, dass die Symptome, mit denen Burnout beschrieben wird, ganz normale Dinge sind, die jeder einmal hat. Diese Recherche von uns Autoren lassen wir einmal hier im Raume stehen. Seien wir mal ehrlich: Es hilft im Moment sicherlich niemandem, zu glauben, dass es diese Krankheit nicht gäbe.

Viele Prominente haben sich zum Burnout bekannt und das könnte helfen, das Stigma psychischer Krankheiten zu mildern. Das Robert-Koch-Institut hat in einer Studie festgestellt, dass fast jeder vierte männliche und jede dritte weibliche Erwachsene im Jahr 2011 zumindest zeitweilig unter psychischen Störungen wie Depressionen oder Schlafproblemen litt. Und bei einer von fünf Frauen zwischen 45 und 65 Jahren wurde schon einmal eine Depression diagnostiziert. Nur redet kaum jemand darüber. Wenn der Erschöpfungszustand erst einmal da ist, braucht der Organismus ziemlich lange, um sich wieder auszubalancieren. Für alle Unternehmungen und Anstrengungen in Ihrem Leben benötigen Sie Energie, die von Körper und Geist gleichermaßen gebraucht wird. Stress ist ein schleichender Killer.

Wir empfehlen Ihnen unbedingt einen Ruhetag in der Woche einzulegen, auch wenn Ihr Kalender mit Terminen überquillt. Reduzieren Sie auch ihre Erreichbarkeit und schalten Ihr Handy und Internet ab. Vielleicht wollten Sie schon so lange einen bestimmten Film sehen? Wenn Sie in der Arbeit unter Stress stehen, verschwinden Sie für fünf Minuten auf die Toilette. Schließen Sie die Augen und hängen Sie für Minuten Ihren Träumen nach. In hektischen Zeiten fällt es schwer, sich gesund zu ernähren. Trinken Sie möglichst viel (zirka 2 Liter) und möglichst Wasser und leben Sie ein paar Tage oder Wochen nach Low Carb. Das tut Ihrem Körper gut (Siehe Ernährung in diesem Buch).

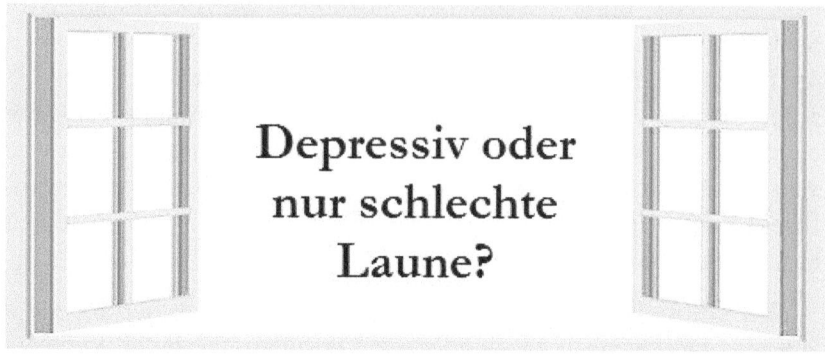

Depressiv oder nur schlechte Laune?

Machen Sie sich im Moment Sorgen, weil Sie schlechte Laune haben? Dann sind Sie damit nie alleine.

Es gibt wohl kaum jemanden, der nicht auch hin und wieder mal schlechte Laune hat. So eine handfeste miese Stimmung ist vollkommen menschlich, aber leider fühlt sich schlechte Laune nicht wirklich gut an – und sie kann uns den ganzen Tag versauen.

Die meisten Verstimmungen gehen auch wieder von allein vorbei, bis auf die wenigen, die sich hartnäckig richtig fest beißen. Oft kommt man dann schnell an den Punkt, wo man sich ernsthaft fragt, ob man schon eine Depression entwickelt hat.

Baden Sie doch dann mal im Selbstmitleid, das kann hin und wieder richtig gut tun. Lümmeln Sie sich aufs Sofa oder ins Bett und ziehen sich die Decke über den Kopf. Schimpfen Sie über Ihren bösen Kollegen oder den idiotischen Freund/Freundin.

Unsere Stimmung ändert sich sehr oft über den Tag. Das gleicht dem Wetter und es ist ganz normal und menschlich. Aber tatsächlich ist es gar nicht so leicht, sich selbst seine schlechte Laune zuzugestehen und in unserer heutigen Spaßgesellschaft wollen auch die meisten immer gut drauf sein. So wird es von uns auch erwartet und diese Haltung baut Druck auf, dem wir dann mit der Zeit nicht mehr gewachsen sind. Dieser Druck führt dann zu noch mehr schlechter Laune oder wir schliddern in eine handfeste Depression hinein.

Sagen Sie Ihren Mittmenschen, dass Sie heute einfach nicht gut gelaunt sind! Es gibt sicher einige Menschen, die damit nicht gut umgehen können, die meisten aber werden Verständnis haben – denn jedem geht es ab und an so.

Sich selbst die Chance zu geben, zu entscheiden, ob man für eine Zeitlang muffelig bleiben möchte, bringt ein aktives Element in die Situation. Indem Sie ehrlich zu sich und Ihrer Umwelt sind, verringern Sie den Druck des „ewig gut gelaunt sein müssens" und Sie haben schon einen sehr wertvollen Schritt in die richtige Richtung gemacht.

Versuchen Sie es einfach mal – jetzt in diesem Augenblick zu sich selbst zu sagen: „Ok, ich akzeptiere heute meine schlechte Laune." Und wenn Sie weinen müssen, dann tun Sie es. Vergessen Sie aber bitte nicht, danach weiter nach vorne zu schauen und wieder optimistisch in die Zukunft zu blicken. Sie müssen sich bewusst werden, dass Sie selbst die Fäden spinnen in Richtung Glück bzw. Lebensfreude. Egal was passiert ist, egal, wer Sie verärgert hat, Sie haben es in der Hand, wie oft und wie lange Sie unglücklich sein möchten. Sie entscheiden hier und heute, wie lange Sie den Kopf in den Sand stecken möchten.

Es ist schon länger bekannt, dass wir unser Gehirn zu etwa 50 Prozent selbst kontrollieren können.

Die andere Hälfte des Gehirns wird bestimmt durch:

- Genetik

- Wohnort

- Gesundheit

- Partnerschaft

- Finanzielle Sicherheit

Haben Sie sich vielleicht schon mal gefragt, ob das Ganze vielleicht eine Art Test ist? Vielleicht lernen Sie etwas daraus für Ihr Leben! Vielleicht sind Sie aber auch nur abgespannt und müde.

Dies kann auch zu schlechter Laune führen, weil Sie denken, dass Sie noch Dies und Das erledigen müssen. Legen Sie sich schlafen und geben Sie Ihrem Körper die Zeit um sich zu erholen.

Außerdem raten wir Ihnen, die Finger vom Alkohol zu lassen, denn durch den Alkoholkonsum kommt man am nächsten Tag erst Recht in eine lustlose Stimmung.

Warum ist das so? Ein überhöhter Alkoholgenuss führt in eine Dehydratation. Der gesamte Organismus einschließlich aller Gehirnzellen ist mit Flüssigkeit unterversorgt und die typischen Kopfschmerzen (Kater) oder andere Beschwerden setzen am nächsten Morgen ein.

Dehydratation = Flüssigkeitsmangel (wie beim Durchfall).

Handelt es sich nur um eine schlechte Laune, dann machen Sie sich bewusst, dass die auch bald wieder vorüber zieht. Bewegen Sie sich, egal ob Sie Lust haben oder nicht. Sport kompensiert die eigene Missstimmung. Man bekommt wieder einen freien Kopf und nach dem Training setzt der Körper Glückshormone frei. Die Forscher wissen viel mehr über Depressionen als über Glück. Was den Menschen die Stimmung versalzt, lässt sich wissenschaftlich eher erklären – als was sie versüßt.

Sollte gerade der Frühling vor der Tür stehen, dann wird es Zeit, alle Ihre Akkus aufzuladen. Also ab in die Natur und das Lächeln dabei nicht vergessen. Nach einem langen Winter sehnen wir uns im Frühling nach kräftigen Farben. Die steigern, wie Experten der Technischen Universität Graz nachgewiesen haben, unser Wohlbefinden, indem sie das vegetative Nervensystem und die hormonelle Aktivität ankurbeln.

❖ Wer lachen kann, dort wo er hätte heulen können, bekommt wieder Lust zum Leben. (Von Werner Flinck)

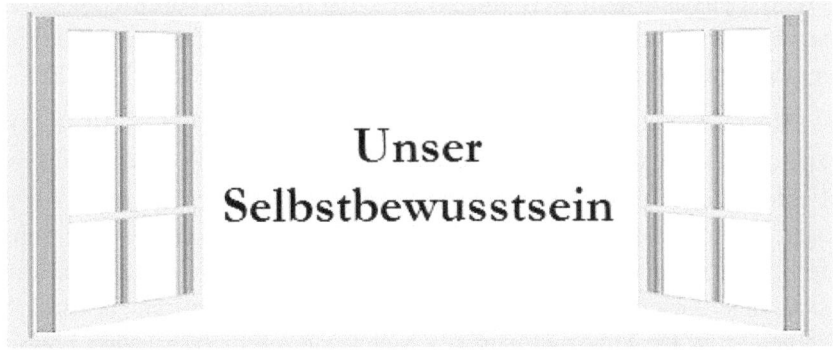

Unser
Selbstbewusstsein

Das Selbstbewusstsein ist so etwas wie die Greencard für Amerika und ein gesundes Selbstbewusstsein setzt ein hohes Maß an Selbstwertgefühl voraus.

Es gibt viele Wörter für Selbstbewusstsein:

- Selbstachtung

- Selbstsicherheit

- Selbstvertrauen

- Selbstwertgefühl

- Selbstakzeptanz

- Selbstbehauptung

- Selbstbejahung

- Selbstwertschätzung

Das Minderwertigkeitsgefühl ist der Gegenpol zu dem gesunden Selbstwertgefühl. Es kommt niemand mit einem fehlenden Selbstvertrauen auf die Welt. Menschen, die als Kind kein Selbstwertgefühl entwickeln konnten, haben Erfahrungen gemacht, dass mit ihnen etwas nicht stimmt und dass sie dadurch minderwertig sind. Jeder von uns hat ein Bild von sich und seiner Persönlichkeit verinnerlicht. Dieses Bild wird vor allem in den ersten sieben Jahren geformt. Alle Fehler, Verletzungen, Niederlagen und Erfolge formen das Selbstbild.

Vielleicht wurden Sie in den ersten Lebensjahren von Eltern, Erzieher, Lehrer, Gleichaltrige, bewusst oder auch unbewusst ständig auf Fehler und Schwächen aufmerksam gemacht? Hat man Ihnen oft gesagt, dass Sie nichts taugen oder manche Arbeiten doch nicht schaffen, weil Sie zwei linke Hände haben? Im Erwachsenenalter können sich viele dieser Menschen dann nicht so akzeptieren wie sie sind. Sie stellen zu hohe Ansprüche an sich selbst, die sie nicht erfüllen können.

Schon im Jahre 1890 hat ein amerikanischer Psychologe und Philosoph William James erkannt, dass derjenige ein starkes Selbst besitzt, bei dem die Kluft zwischen dem Selbstbild „So bin ich" und dem Idealbild „So möchte ich gerne sein" gering ist. Der Psychologe erklärt, dass es Entscheidend für das Selbstwertgefühl ist, in welchem Verhältnis Erfolge und Ansprüche einer Person zueinander stehen. Ein Mensch, der wenig von sich erwartet, wird sich über geringe Erfolge nicht den Kopf zerbrechen. Umgekehrt können noch so beachtliche Leistungen einen Menschen mit extrem hohen Erwartungen schlaflose Nächte bereiten.

❖ Ein Zitat von ihm (Philosoph William James): Wenn wir zu einem Entschluss gelangt sind, sollten wir von da an keinen Gedanken mehr auf die möglichen Resultate verschwenden, sondern uns völlig darauf konzentrieren, diesen Entschluss in die Tat umzusetzen.

Vielleicht haben Sie oft, oder nur manchmal Selbstzweifel, Angst vor Herausforderungen und Schuldgefühle? Jeder Mensch kennt ähnliche Gefühle – aber manche Menschen begleiten diese Gefühle das ganze Leben.

Unser Selbstbild setzt sich aus vielen Gegebenheiten zusammen:

- Geschlecht

- Name

- Alter

- Elternhaus

- Freunde

- Unser Körper (Größe und Gewicht)

- Schule (Lehrer)

- Ausbildung

- Beruf

- Fähigkeiten

- Talente

- Wünsche

- Bedürfnisse

- Erfahrungen

- Interessen

- Finanzielle Absicherung

Wenn wir uns als Versager sehen, dann werden wir immer Wege und Möglichkeiten finden, zu versagen. Unser Selbstbild entscheidet darüber, was wir in der Zukunft erreichen und leisten werden. Wenn wir unser Selbstvertrauen steigern möchten, müssen wir lernen, uns selbst aufzubauen und uns den Rücken zu stärken.

Ein positives Selbstbild, der Glaube an uns, ist Voraussetzung, um stärker, fähiger und erfolgreicher zu werden. Wenn wir ein gutes Selbstwertgefühl besitzen, dann bedeutet das: wir glauben, dass wir liebenswert und wertvoll sind, trotz der Schwächen und Fehler, die wir haben.

Wir haben immer wieder Erfolge in unserem Leben zu feiern. Meist sind es zwar nur kleine Errungenschaften, aber hier und da auch Größere. Wir sollten sie uns immer wieder vor Augen halten.

Schreiben Sie Ihre Erfolge (auch die Kleinen) auf ein Blatt Papier und legen es auf den Küchentisch oder auf Ihren Schreibtisch oder heften ihn an den Kühlschrank. Sie können Ihre Auflistung auch mit sich herum tragen und jedes Mal, wenn Sie einen stillen Moment haben, schauen Sie sich Ihre Zeilen mit Ihren Erfolgen wieder an.

Oft haben wir bereits Dinge im Leben erreicht, die gar nicht so alltäglich sind. Wir würdigen sie aber nicht, da wir sie als selbstverständlich hinnehmen. Es gibt keine Grenzen außer denen, die wir uns selbst setzen. Deshalb ist es von entscheidender Bedeutung, dass ein Pessimist lernt, von sich und seinen Fähigkeiten überzeugt zu sein.

Möglicherweise denken Sie oft „Eigenlob stinkt" oder es zeugt von einem schlechten Charakter, von sich überzeugt zu sein. Auch wir Autorinnen kennen diese Sätze, die in unserer Erziehung „zur damaligen Zeit" üblich waren.

Beginnen Sie doch mal ein Tagebuch für Ihr Selbstbewusstsein zu schreiben mit dem Titel: „Was ich alles kann", oder: „Ich bin es wert auf der Welt zu sein", oder: „Meine positiven Erfahrungen". Was zu Beginn ein wenig selbstverliebt klingt, macht aber durchaus Sinn.

Notieren Sie jeweils am Ende des Tages oder zwischendurch, was Ihnen gut gelungen ist. Bitte notieren Sie nur positive Ereignisse. Dieses Tagebuch hilft Ihnen, Ihr Bewusstsein auf die positiven Dinge in

Ihrem Leben zu lenken. Dadurch fühlen Sie sich nicht nur besser, sondern strahlen das auch aus. Und nicht vergessen: NUR positive Ereignisse notieren!

Ein gutes Selbstbewusstsein ist in vielen Situationen von Vorteil. Nur wer sich auch mit seinen Schwächen und Fehlern akzeptiert, kann ein hohes Maß an Selbstbewusstsein erreichen. Stehen Sie zu sich selbst – dadurch wirken Sie nach außen sicherer. Nehmen Sie sich so an wie Sie jetzt sind, denn nur wenn Sie sich so annehmen, können Sie sich verändern. Dies ist kein Widerspruch, denn wer ständig gegen sich kämpft, verliert seine Energie.

Sie sind der wichtigste Mensch in Ihrem Leben und Sie müssen Ihr ganzes Leben gut mit sich selbst auskommen. Erst wenn Sie anfangen sich selbst zu lieben, können Sie auch einen anderen Menschen ohne Probleme lieben.

Es ist überhaupt nicht einfach, plötzlich andere Wege zu gehen – aber wir Autoren haben Ihnen auch nicht versprochen, dass es einfach ist. Könnte man eine gesunde Portion Selbstbewusstsein irgendwo kaufen, wäre das vermutlich ein Kassenschlager.

❖ Wenn man sich selbst zu einem niedrigen Preis verkauft, wird niemand anderes diesen Preis erhöhen. (Wilson)

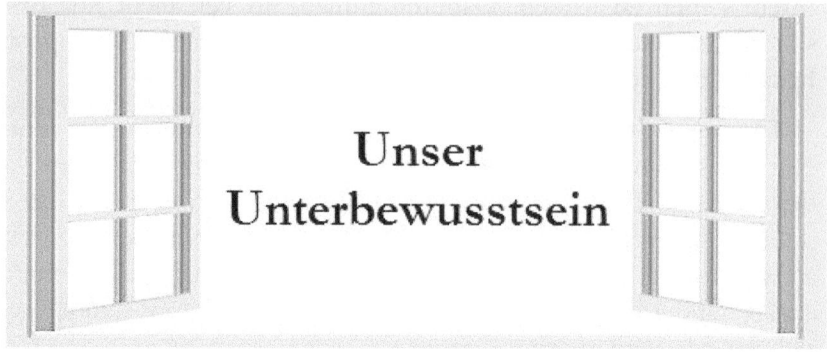

Unser Unterbewusstsein

Das Unbewusste ist in der Psychologie jener Bereich der menschlichen Psyche, der dem Bewusstsein nicht direkt zugänglich ist. Wissenschaftliche Beweise für die Existenz eines Unterbewusstseins gibt es immer noch nicht, dennoch gehen die meisten psychologischen Ansätze davon aus.

Das Unterbewusstsein ist die Summe aller:

- Vorstellungen

- Erinnerungen

- Eindrücke

- Motive

- Einstellungen

- Handlungsbereitschaften

Im Unterbewusstsein spielen all die inaktiven Elemente unserer Psyche in unserm täglichen Handeln und Denken. Dagegen ist Alles, was im Moment aktiv ist „bewusst". Über 90 Prozent von allem, was wir täglich tun, erledigt unser Gehirn quasi unbewusst, ohne dass wir es merken.

An der Macht des Unterbewusstseins hat auch John-Dylan Haynes am Bernstein Centre for Computational Neuroscience in Berlin keine Zweifel. Er hat herausgefunden, dass Hirnregionen, deren Aktivität bestimmte Entscheidungen signalisiert, schon im Scanner aufleuchten, wenn man noch gar nicht gezielt über die Alternativen nachdenkt. Probanden müssen zum Beispiel nicht einmal merken, dass sie im Hintergrund während einer Computeraufgabe Fotos von verschiedenen Automodellen gezeigt bekommen.

Die entsprechenden Gehirnareale feuern trotzdem, wie die Forscher im „Journal of Neuroscience" berichten. *Quelle: Spiegel: Nora Schultz:* *http://www.spiegel.de/wissenschaft/mensch/intuitions-forschung-wie-man-die-macht-des-unterbewusstseins-nutzt-a-745980.html*

Unser Unterbewusstsein kann sehr viel mehr aufnehmen, als wir bewusst registrieren und es kann uns auch in entscheidenden Momenten z. B. den Weg weisen.

Das nennen die Psychologen und Wissenschaftler: Intuition.

Der Wiener Nervenarzt und Begründer der Psychoanalyse Sigmund Freud (1856 – 1939) ging davon aus, dass das Unterbewusste aus unterdrückten Kindheitserfahrungen und traumatischen Erinnerungen sowie tabuisierten Wünschen besteht. Erweitert wurde diese Theorie von dem Schweizer Psychiater Carl Gustav Jung (1875 – 1961).

Er behauptete, dass das Unbewusste nicht nur durch die Erfahrungen des Einzelnen geprägt wird, sondern auch durch bestimmte archaische, universelle und vererbte Vorstellungen, die von allen Menschen geteilt werden. Er prägte den Begriff des kollektiven Unbewussten.

❖ Ein Zitat von Carl Gustav Jung: Das Unbewusste ist kein dämonisches Ungeheuer, sondern ein moralisch, ästhetisch und intellektuell indifferentes Naturwesen, das nur dann wirklich gefährlich wird, wenn unsere bewusste Einstellung dazu hoffnungslos unrichtig ist.

Sigmund Freud versuchte das Unterbewusstsein an einem Eisberg-Modell zu erklären. Das menschliche Bewusstsein ist danach gut zu verstehen, wenn man es mit einem im Meer treibenden Eisberg vergleicht. Sie besagt, dass ähnlich wie bei einem Eisberg nur zirka 10% sichtbar über der Wasser-Oberfläche sind und darunter 90% unsichtbar.

Diese Werte passen auch im Verhältnis Bewusstsein zu Unterbewusstsein. Rund 10% beträgt das, was wir Bewusstsein nennen, 90% sind uns unbewusst.

❖ Albert Einstein sagte zum Beispiel mal Folgendes: Die meisten Menschen nutzen nur fünf bis sechs Prozent ihrer Gehirnkapazität. Ich nutze sieben Prozent!

Das Unterbewusstsein spielt bei vielen Entscheidungen eine wichtige Rolle. Jeder kennt das undefinierbare Bauchgefühl, jene Intuition, die man häufig verspürt, wenn es um wichtige Entscheidungen geht.

Der wichtigste Tipp, sein Unterbewusstsein positiv zu beeinflussen ist, sobald negative oder düstere Gedanken entstehen, sagen Sie STOP. Entziehen sie dem Negativen sofort Energie und speisen Sie das Gute. Dadurch wird das Positive verstärkt.

Dass Werbung oder unterschwellige Werbung Entscheidungen beeinflussen und manipulierend sein können, wurde durch viele psychologische Untersuchungen längst bewiesen. Coca Cola hatte mal in einem Kinofilm versuchsweise „drink coke" für den Bruchteil einer Sekunde einblenden lassen und das mehrfach und für den Menschen nicht erkennbar. Tatsächlich stieg der Absatz.

Auch die Musik beeinflusst die menschliche Psyche sehr stark. Nicht umsonst gibt es Psychologen, die sich die Musik zunutze machen. Auch die Warenhäuser nutzen die Möglichkeit ihre Umsätze durch Musik zu steigern.

Bilder können ebenfalls Ihr Unterbewusstsein beeinflussen. Positive oder negative Fotos hängen sich in ihrem Unterbewusstsein fest. Zum Beispiel sagen Sie einmal zu sich: „Ich denke jetzt nicht mehr an den Eifelturm." Was sehen Sie vor Ihrem Auge? Den Eifelturm! Das Wort „Nicht" wird einfach übergangen.

Wir würden Ihnen empfehlen, an etwas zu denken, woran Sie Freude empfinden. Vielleicht ist es der letzte Urlaub, das Treffen von Freunden, ein gutes Buch oder Film, ein anstehendes Fest mit ihrer ganzen Familie, worauf Sie sich freuen.

Borderline-Störung

Immer mehr jüngere Menschen erkranken „wie bei den Depressionen" an einer Borderline-Störung (Borderline-Syndrom).

In Deutschland leiden zirka 3% der Bevölkerung an Borderline – das sind zirka 2 Millionen Menschen. Besonders unter den jungen Menschen ist die Rate sehr hoch.

Zirka 15% der stationär behandelten psychischen Störungen sind Borderline-Störungen.

In letzter Zeit wird die Öffentlichkeit immer aufmerksamer auf die Situation der Borderliner. Es gibt inzwischen Bücher, Filme und immer häufiger auch Berichte über die Krankheit, so dass das Borderline-Syndrom gesellschaftlich so akzeptiert ist, dass man zumindest darüber reden kann.

Der Begriff „Borderline-Syndrom" (BPS) wurde 1884 zum ersten Mal von Adolph Stern verwendet. Er benutzte den Begriff zur Beschreibung von Patienten, bei denen er mit den damaligen psychoanalytischen Methoden keinen Behandlungserfolg hatte.

Das Borderline-Syndrom (auch Grenzlinie genannt) ist eine Erkrankung der Psyche (Persönlichkeitsstörung), meist ausgelöst durch Verlustangst „dem Fehlen von Grundwerten" im Leben. Es fehlt der Halt in der Familie und die Betroffenen kommen sich abgeschoben und wertlos vor.

Borderline-Patienten weisen eine weit gefächerte Symptomatik auf und zeigen auf vielen Ebenen ein instabiles Verhaltensmuster. Sie ritzen sich, bzw. fügen sich selbst Schmerzen zu, um aus einer angespannten und für sie unerträglichen Situation zu entfliehen. Sie bewirken mit ihrem Tun, dass sie in ein anderes Gefühl gehen, die sie als eine Art von Entspannung erleben.

Die Borderline-Krankheit beginnt oft im frühen Erwachsenenalter, kann aber auch später erst auftreten z. B. in einer unglücklichen Ehe.

Der Kriterienkatalog DSM-IV der American Psychiatric Association umfasst neun Kriterien, von denen fünf erfüllt sein müssen, damit die Diagnose gestellt werden kann. ABER ein Gespräch mit einem Psychologen kann und darf solch ein Test auf keinen Fall ersetzen!

- Angst vor realem oder eingebildetem verlassen werden und starkes Bemühen, dies zu vermeiden.

- Instabile Beziehungen. Die Betroffenen idealisieren Personen und kurz darauf hassen sie sie.

- Gestörte Selbstwahrnehmung, instabiles Selbstbild.

- Impulsivität (nicht vorher nachdenken) in mindestens 2 womöglich selbstschädigenden Bereichen.

- Suizidale oder selbstverletzende Handlungen.

- Stimmungsschwankungen.

- Oft das Gefühl von Leere.

- Unangemessene Wut, Schwierigkeiten, Wut zu kontrollieren.

- Vorrübergehende paranoide Vorstellungen oder Dissoziationen (weites Feld, von geistig nicht anwesend sein, bis zu irgendwohin gehen, dann nicht mehr wissen wie man dahin kam, plötzlich wird der Körper gefühlt riesig oder klein oder schwer - alles scheint nur ein Traum zu sein).

Anders ausgedrückt:

- AD(H)S Verhalten
- Angst
- Autoaggressives Verhalten
- Beziehungsunfähigkeit
- Depression
- Drogenkonsum
- Delinquentes Sozialverhalten
- Extreme Idealisierung oder Entwertung
- Essstörung
- Gefühlsstörung
- Hysterie
- Identitätsdiffusion
- Innere Leere
- Impulsive Reaktionsweise
- Impulskontrollverlust
- Kontaktvermeidung/Kontaktabbrüche
- Präventivangriff
- Polymorphe Sexualität
- Psychosomatische Symptome
- Realitätsverlust
- Rituale und Zwänge
- Schwarz-Weiß-Denken
- Starkes Kontrollbedürfnis über andere Menschen

- Sexueller Missbrauch

- Sucht

- Suizidalität

- Zerbrochene Ehen

- Zwangssymptome

Die Diagnoseschlüssel (nach ICD) für Borderline lauten: F 60.3 Emotional-instabile Persönlichkeitsstörung und F 60.30 Impulsiver-Typus.

Wenn man sich auf eine Beziehung (Partnerschaft) mit einem Borderliner einlässt, kann das für den gesunden Partner vielfältige Probleme mit sich bringen. Hauptproblemauslöser sind die extremen Stimmungsschwankungen und ein selbstverletzendes Verhalten im physischen aber vor allem oftmals auch im psychischen Bereich sowie das Schwarz-Weiß-Denken und das Problem „Nähe und Distanz" zu regulieren.

Der Borderliner tut das nicht mit böser Absicht. Er will auch seinen Partner nicht kränken - tut es aber doch immer wieder.

Man kann auch für den kranken Partner nichts tun. Auch Paartherapien bringen nichts. Entweder hat man die Stärke um die Stimmungsschwankungen und die Wellen von Aggressivität zu ertragen, oder man muss die Beziehung beenden.

Borderliner-Menschen leben in einer Welt der Extreme.

Ihre Gefühle wechseln in Minuten zwischen:

- Liebe und Hass

- Euphorie und Depression

- Selbstzweifel und Selbstüberschätzung

Sie leben ohne feste Wurzeln so wie ein Kind, das verzweifelt nach seiner Mutter sucht. Nach langen wissenschaftlichen Studien sind sich die Wissenschaftler immer noch nicht einig, ob die exakte Einordnung (Definition und Klassifizierung der Störung) richtig ist. Man glaubte lange, dass das Borderline-Syndrom auf der Grenzlinie (englisch: borderline) zwischen Neurose und Psychose anzusiedeln sei. Heute zählt das Leiden zu den Persönlichkeitsstörungen (emotional instabile Persönlichkeitsstörung).

Die Eltern oder der Partner sind verunsichert, wenn der Borderline sich selbst verletzt oder Wutausbrüche bekommt. Es entsteht auch oft eine Co-Abhängigkeit. Das heißt: die eigenen Bedürfnisse werden vernachlässigt, man will den Erkrankten glücklich machen, will für ihn nur das Beste und lässt sich komplett vom Borderliner in seinen Bann ziehen. Egal was man tut, ob man dem Betroffenen Vorwürfe macht oder Rücksicht übt, die Konflikte werden dadurch nicht gelöst und der Borderliner ändert auch sein Verhalten dadurch nicht.

Es gibt vier Arten von Psychotherapie:

- Die verhaltenstherapeutisch orientierte Therapie

- Die tiefenpsychologisch orientierte Therapie

- Die familientherapeutisch orientierte Therapie

- Stationäre Therapie

Damit sich für den Borderliner in der Familie etwas zum Positiven ändert, ist es sinnvoll, feste Familienregeln aufzustellen, an die sich jeder zu halten hat - auch der Kranke.

Nicht zuletzt auf Grund der hohen Selbstmordrate sollten sich die Betroffenen unbedingt in eine psychiatrische Behandlung begeben. Borderline-Patienten neigen auch dazu, sich selbst verletzen zu wollen.

Der bekannte deutsche Psychiater Borwin Bandelow ist davon überzeugt, einen Großteil der Borderliner unter Prominenten erkennen zu können:

- Robbie Williams

- Kurt Cobain

- Angelina Jolie

Quellen: Borwin Bandelow: Celebrities.
http://www.spiegel.de/spiegel/print/d-46237036.html

Manchmal gibt es Probleme im Leben, die man nicht mehr selbst lösen kann und dann sollte man psychologische Hilfe holen – genauso wie man Hilfe sucht bei Grippe oder Zahnschmerzen.

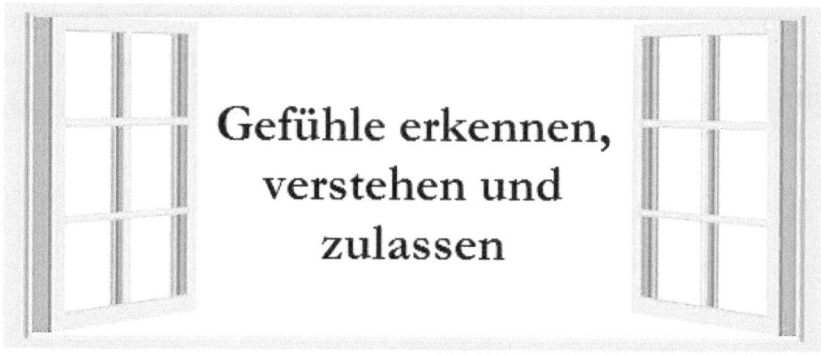

Gefühle erkennen, verstehen und zulassen

Das Empfinden von Gefühlen, sowie deren Wahrnehmung ist von großer Bedeutung, weil dadurch unser Handeln bestimmt wird. Wer häufig unter chaotischen Gefühlen steht, neigt oft zu überschießenden und mit zum Teil unerwünschten Reaktionen. Deshalb ist es wichtig Gefühle wahrzunehmen, richtig einzuordnen und das ist nicht immer leicht und bedarf einiger Übung.

Gefühle können verwirrend sein, sodass es schwierig ist sie zu beschreiben. Wem das nicht so recht gelingt, sollte sich an eine Vertrauensperson wenden um mit ihm oder ihr darüber zu sprechen. Versuchen Sie möglichst Ihre körperliche Verfassung bzw. Empfindungen in bestimmten Situationen zu beschreiben. Versuchen Sie im Kopf sich Situationen vorzustellen oder Erlebtes nachzuerzählen, um konkrete Hinweise auf Gefühlszustände mit körperlichen Reaktionen zu erhalten. Wird z. B. ein Angst-Zustand ausgelöst, könnte eine körperliche Empfindung schnelles Herzklopfen sein.

Um den Gefühlszustand zu ermitteln und ihn dann richtig einzuordnen, könnte die allererste Handlung einen Hinweis darauf geben. Das erste Handeln offenbart das Gefühl.

Einige Beispiele zeigen an, wie in bestimmten Lebenslagen Gefühle entstehen oder ausgelöst werden:

- Bei Kummer oder Trauer: weinen / am liebsten geweint
- Bei Angst: flüchten / am liebsten geflüchtet
- Bei Wut oder Ärger: geladen / am liebsten explodiert
- Bei Scham oder Schuld: peinlich / am liebsten verkriechen
- Bei Freude oder Glück: fröhlich / sich unbeschwert fühlen

Jegliches Gefühl hat eine Berechtigung, Gefühle so anzunehmen, wie sie sind: Die Gefühle nicht in eine andere Richtung drängen oder fließen lassen, die vielleicht in falsche Empfindungen münden.

Gefühle sind ein wichtiges Kommunikationsmittel, sie lassen andere sehen, wie wir uns gerade fühlen. In unserem Gesicht zeigen wir anhand unserer Mimik, ob wir traurig oder wütend sind. Mit unserem Gesichtsausdruck und der eventuellen zusätzlichen Gestikulation können wir bei anderen ihre Gefühlswelt indirekt beeinflussen.

Das heißt: wenn wir herzhaft lachen, kann daraus ein heiteres gemeinsames Lachen werden.

Auch ein Zustand des Mitgefühls lässt sich über den Gefühls-Ausdruck übermitteln.

Gefühle lösen Reaktionen aus und beeinflussen somit unser Handeln. Wir handeln oft nach Gefühlen - sie begründen unser Handeln.

Gefühle zulassen und danach zu handeln ist grundsätzlich der richtige Weg, um für sich und seine Umwelt klare Verhältnisse zu schaffen. Die allererste und emotionale Reaktion erweist sich zumeist als die Richtige. Jedoch können Gefühle auch zu stark übertriebenen Reaktionen und Handlungen führen, wenn Gefühlsstörungen wie z. B. Borderline-Syndrom (emotional-instabile Persönlichkeit) vorliegen. Betroffene können ihre Gefühlsregungen nicht richtig ein- bzw. zuordnen, verlieren sich in einem Gefühlschaos und schlittern häufig in unkontrollierte Handlungen.

Eine zu hohe Intensität der Gefühle beherrscht häufig das Gefühl der Richtigkeit. Das heißt: das Gefühl gibt ihnen Recht, oder das Recht so zu denken und zu handeln.

Beispiele:

- Sich untauglich fühlen, dann ist man es auch.

- Sich vor etwas fürchten, dann ist es auch gefährlich.

- Sich schwermütig und todunglücklich (depressiv) fühlen, man sieht alles nur noch schwarz.

Aus dieser Gefühlsschiene sich wieder heraus zu manövrieren, ist für Betroffene alleine nicht zu bewältigen, deshalb sollte man unbedingt psychiatrische Hilfe in Anspruch nehmen. Gemeinsam gehen Sie den Weg der Analyse und hinterfragen, warum Sie so fühlen, denken und handeln. Ihnen werden Wege aufgezeigt, wie man mit negativen Gefühlen umgeht und sie sogar in positive Handlungen schwenken kann.

Beispiele:

- Sich untauglich fühlen, aber dennoch etwas Neues erlernen, z. B. eine Sprache, oder Handarbeiten etc.

- Sich ängstigen, aber dennoch in die Angstkonfrontation gehen und die Situation meistern.

- Sich depressiv fühlen, dennoch seinen Tag strukturieren und kleine Highlights einbinden.

Es ist wichtig, viele positive Gefühle über den Tag zu sammeln. Nehmen Sie sich Zeit für die Dinge, die Sie als angenehm empfinden. Wie schon einmal erwähnt: jeder Tag sollte uns mit überwiegend positiven Gefühlen begleiten.

Aber wie kann man solche Gefühle selbst in sich auslösen, damit wir uns gut fühlen?

Wie schon an anderen Stellen beschrieben, könnte man ins Kino gehen, Musik hören und dabei tanzen, Freunde treffen, in einen Sportverein eintreten oder einen Raum neu gestalten etc.

Denken Sie vielleicht mal über ein Ehrenamt nach, Kindern, alleinerziehenden Müttern/Vätern, alten Menschen oder Behinderten behilflich zu sein - damit helfen Sie nicht nur diesen Menschen die Hilfe brauchen, sondern helfen auch sich selbst.

Nehmen Sie sich selbst an der Hand, oder bitten sie eine Vertrauensperson um Mithilfe, damit Sie sich selbst neu ausrichten können.

Versuchen sie mehr Farbe in ihr Leben zu bringen. Sie werden merken, dass Veränderungen auch Sie verändern. Sie schaffen sich dadurch einen positiven Zugang zu sich selbst. Aus Schatten wird wieder Licht, aus Schwarz wieder Buntes und aus Angst wieder Freude. Lernen Sie Ihre Gefühle einzuordnen und zu akzeptieren. Wenn der Mensch seine echten Gefühle kennt, hat er auch den Mut, zu ihnen zu stehen.

Es gibt verschiedene Arten von Gefühlen:

- Wut
- Ärger
- Trauer
- Freude
- Neid
- Lust
- Minderwertigkeit
- Schuld
- Scham
- Sehnsucht
- Ungeliebt
- Diskriminiert
- Ausgenutzt
- Versteckt
- Abgewiesen
- Überspielt
- Unterdrückt
- Verdrängt

Negative Gefühle können unsere Feinde sein! Sie sind Warnsignale, dass bei uns etwas nicht stimmt.

Positive Gedanken führen zu positiven Gefühlen, negative Gedanken führen zu negativen Gefühlen.

Dieser Satz ist klar zu verstehen! Wenn wir aus unseren negativen Gefühlen lernen, indem wir ihre Botschaft entschlüsseln, dann werden sie aber unsere Freunde.

❖ Zitat von Henry Louis Mencken: Vertrauen ist das Gefühl, einem Menschen sogar dann glauben zu können, wenn man weiß, dass man an seiner Stelle lügen würde.

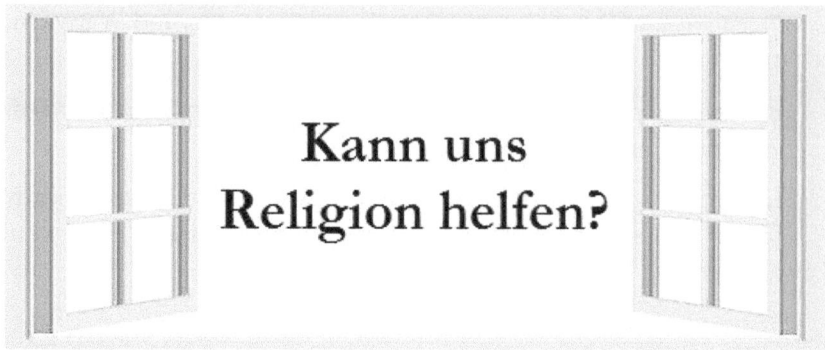

Kann uns
Religion helfen?

Nach Ansicht von Wissenschaftlern haben seelische Probleme häufig ihre Wurzeln in religiösen Vorstellungen der Patienten. Es gibt aber auch wissenschaftliche Studien, wo ein religiöser Glaube eines Patienten zum Erfolg einer psychiatrischen Therapie beitragen könne. Die Vorstellung von Besessenheit oder einem strafenden Gott sind in der deutschen Psychiatrie keine seltenen Phänomene.

Nachdem die Wissenschaft viele Erfolge hatte, glaubten irgendwann die Menschen, es könnte alles erklärt werden und man bräuchte Gott nicht mehr.

Aber die Wissenschaften können nicht alles erklären – das hat uns die Quantenphysik vor Augen gehalten.

Und im Grenzbereich zwischen der Psychologie und der Religion gibt es auch viele Probleme und Fragen die für die psychologische Beratung und Psychotherapie wichtig sind. Besonders geht es um die Frage, welche religiösen Einstellungen unter welchen psychosozialen Bedingungen die seelische Gesundheit von Menschen fördern oder beeinträchtigen können.

Es gibt Menschen, die durch ihren persönlichen Glauben bzw. durch ihre Religion gestärkt aus ihrer Lebenskrise treten. Unterstützend wirkt sicherlich auch ein gutes kulturelles Umfeld. Die eigene Religiosität und ihre Ausübung in einer Gemeinschaft können das eigene Selbstwertgefühl steigern.

Das Wohlbefinden in den Religionen und Kulturkreisen ist auch sehr verschieden. Man unterscheidet zwischen sogenannter intrinsischen Religiosität, bei der das ganze Leben auf den Glauben ausgerichtet ist oder einer extrinsischen Religiosität - diese legen großen Wert auf den regelmäßigen Kirchgang und schätzen ihn als soziales Ereignis.

Es gibt auch so genannte Sekten und Psychogruppen – sie können Gefahren für den Einzelnen bedeuten. Es wird versucht Menschen ein Abhängigkeitsgefühl zu vermitteln, das dann zu Ausbeutungszwecken genutzt wird. So können sich weit reichende materielle Folgen ergeben. Diese Menschen verlieren ihren Beruf und die finanzielle Eigenständigkeit und somit auch die Sozialabsicherung und Gesundheitsvorsorge und glauben nur noch an dubiose Heilungs- und Erlösungsversprechen. Es werden Psycho-Techniken angewandt und Strategien der Bewusstseinskontrolle: Das Selbstbewusstsein sinkt in den Keller. Durch diese Strategien wird die Begabung zur realitätsnahen Wahrnehmung und Kritikfähigkeit außer Kraft gesetzt. Die Sektengruppen haben viele Gesichter. Sie sind zu finden in Psychogruppen von esoterischen und pseudo-therapeutischen Anbietern, Personal- und Managemententwicklern und in strukturvertriebsartigen Firmen mit fragwürdigem Psycho-Training. Die Liste ist sehr lang.

Es gibt auch Organisationen, die gehen über die psychische Beeinflussung ihrer Mitglieder weit hinaus und werden hier in Deutschland durch den Verfassungsschutz beobachtet.

Quelle: Ingo Heinemann befasst sich seit 1979 mit der Scientology-Organisation.

http://www.ingo-heinemann.de/ http://www.wilfriedhandl.com/blog/

Jeder Mensch wird den 11. September niemals vergessen können, der deutlich gemacht hat, zu was religiöse und fanatisierte Extremisten fähig sind.

Nicht nur labile oder unreife Menschen sind für Sekten anfällig, auch völlig unauffällige Menschen geraten in ihren Bann. Dies hat was mit unterschiedlichen Gründen zu tun, die auf unbewussten Bedürfnissen, Problemen oder Einstellungen beruhen. Egal, ob Sie gläubig sind oder nicht – egal auch, welche Religion Sie wählen, wenn es Ihnen hilft und Sie sich wohl fühlen, kann es die richtige Entscheidung für Sie sein, so lange Sie sich keiner Sekte hingeben.

❖ Zitat von Martin Buber: Alle Menschen haben einen Zugang zu Gott, aber jeder einen andern.

Es gibt keine allgemein gültige Bezeichnung für Religion, die alles abdeckt und allgemein hätte anerkannt werden können. Einige Religionen werden heute nicht mehr praktiziert und neue sind hinzugekommen:

Christentum

- Römisch-katholische Kirche

- Katholischen Ostkirchen (Koptische Kirche)

- Anglikanische Kirchen (Church of England)

- Alt-Katholische Kirchen (Christkatholische Kirche)

- Freie altkatholische Kirche (Old Catholic Church of America)

- Evangelische Kirche (Lutherischen Kirchen)

- Reformierte Kirche (Presbyterianer, Mennoiten)

Islam

- Sunniten - die größte Glaubensrichtung im Islam
- Schiiten - die zweitgrößte Glaubensrichtung im Islam

Hinduismus

- Shivaismus
- Vishnuismus

Buddhismus

- Theravada
- Mahayana
- Vajrayana

Judentum

- Orthodoxes Judentum
- Konservatives Judentum
- Liberales Judentum

Fernöstliche Religionen

- Daoismus (Chinesische Religion oder Philosophie)
- Konfuzianismus (Drei Lehren Chinas)
- Shinto (Größte Religionsgemeinschaften Japans)

Afroamerikanischen Religionen

- Voodoo (Afrika, Haiti und Amerika)

- Umbanda (Brasilien)

- Hoodoo (Afroamerikanischen Bevölkerung der Südstaaten der USA, sie verbindet indianische Magie mit Elementen der afrikanischen Magie)

- Candomblé (Hauptsächlich in Brasilien anzutreffende Religion)

- Rastafari (Aus dem Christentum entstandene Religion, ursprünglich aus Jamaika)

Keine Religion - sondern eine Weltanschauung

- Agnostizismus   Anarchismus

- Anthroposophie   Apatheismus

- Atheismus   Determinismus

- Diskordianismus   Freidenker

- Freimaurerei   Humanismus

- Huna   Objektivismus

- Pantheismus   Panentheismus

- Posthumanismus   Thelema

- Transhumanismus   Unitarier

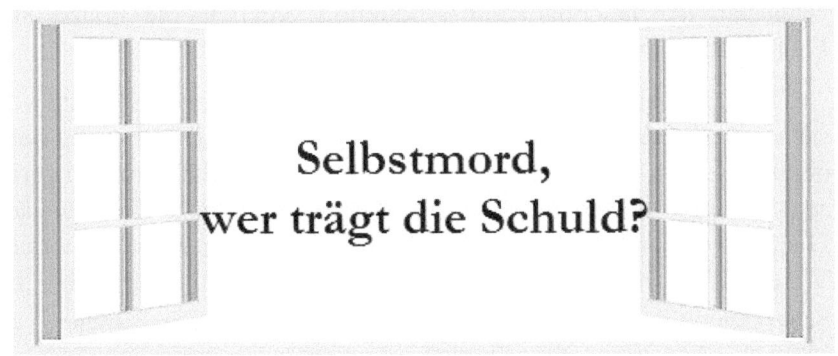

Selbstmord, wer trägt die Schuld?

Eine Schuldzuweisung für einen Menschen, der sich umgebracht hat, ist etwas Furchtbares. Die Hinterbliebenen, die in dieser schrecklichen Situation stecken, haben selbst oft mit Schuldkomplexen zu kämpfen und fragen sich, ob sie es hätten verhindern können.

Ich bin der Meinung, dass man nicht sagen kann, dass jemand SCHULD am Suizid eines anderen ist. Diese Entscheidung trifft immer der Betreffende selbst, auch wenn es noch so furchtbar für seine Angehörigen sein mag.

Das Umfeld ist froh, dass sie jemand anderen schuldig erklären können, sie werden sich dennoch nicht ewig damit beruhigen können, denn sie selbst konnten auch nicht helfen…

Es wird noch ein schmerzvoller Weg für alle, aber Schuld ist daran keiner und auch nicht der Partner, der sich getrennt hat.

In Deutschland begeht etwa alle 50 Minuten ein Mensch Suizid, insgesamt sterben so mehr als 10 000 Menschen pro Jahr und 60 Prozent der Suizidopfer hatten Depressionen. Hier kann nur noch ein Arzt helfen.

Es ist so, dass die Hinterbliebenen von Selbstmördern mit aufgeschobener Trauer, Wut, Missbilligung und Scham zu kämpfen haben. Scheuen Sie nicht davor zurück, professionelle Hilfe bei einem Psychologen oder Sozialpädagogen in Anspruch zu nehmen.

Nach einem Suizid haben die Hinterbliebenen selten die Möglichkeit, sofort zu trauern. Es passiert einfach zu viel: Das Zimmer wird versiegelt, der Leichnam zur Obduktion gegeben, die Polizei stellt Fragen, und es wird ein Abschiedsbrief gesucht.

Die Leute sind schockiert und vielleicht auch traumatisiert, wenn sie so etwas erfahren. Über mehrere Stunden oder Tage hinweg befinden sie sich oft wie in einem Nebel, ohne das Geschehen richtig erfassen zu können. Manche sagen, sie fühlen sich wie in Watte gepackt: Die Außenwelt dringt nicht zu ihnen, alles ist dumpf und unwirklich. Viele sind nicht in der Lage, überhaupt etwas zu empfinden. Der Schrecken, der Schmerz und die Trauer kommen erst später und können sehr heftig auf die Betreffenden hereinbrechen.

Vom Umfeld wird vielleicht versucht einen Schuldigen zu finden – die Schuldzuweisungen wandern hin und her, wer denn nun schuld ist, dass der- oder diejenige nicht mehr lebt.

Die Hinterbliebenen verstehen nicht, wie ein geliebter Mensch ihnen so etwas Schreckliches antun konnte. Unverständnis, Erschrecken oder Wut überschatten den Verlust. Direkt darauf kommen jedoch auch Schuldgefühle hoch, und es tauchen Fragen auf wie "Hätte ich etwas tun können?" oder "Habe ich etwas übersehen?" Es gibt plötzlich sehr viele widersprüchliche Gefühle gegenüber dem Verstorbenen, die bei anderen Toden so nicht vorkommen.

Trauer hat natürlich ähnliche Symptome wie eine Depression. Aber auch wenn es viele Parallelen gibt, ist es zunächst keine. Fakt ist allerdings auch, dass eine verhinderte oder erschwerte Trauer langfristig zu psychischen Leiden wie Depressionen, Angststörungen oder auch Panikattacken führen kann. Man weiß, dass ein Drittel der Menschen, die solch dramatische Ereignisse erleben, solche Störungen entwickeln.

Hinterbliebene gelten unter Experten als Risikogruppe, die stärker suizidgefährdet ist als der Rest der Bevölkerung. Früher sprach man hier vom "Werther-Effekt": Der Suizid wird als Lösung einer schwierigen Situation vorgelebt und wird so zum Modell, das Nachahmer findet.

Oft litten Selbstmörder an psychischen Erkrankungen wie z. B. an Schizophrenie oder schweren Depressionen.

Etwa 13.000 Menschen werden in Deutschland Jahr für Jahr mit der Diagnose Schizophrenie konfrontiert. Die Familien- und Zwillingsstudien zeigen, dass bei Schizophrenie und der Suche nach ihren Ursachen die Vererbung eine große Rolle spielt.

Schizophrenie ist eine Diagnose für psychische Störungen des Denkens und der Wahrnehmung (Affektivität). Es werden verschiedene symptomatische Erscheinungsformen unterschieden. Es ist eine der häufigsten Diagnosen im stationären Bereich der Psychiatrie.

Am 24.04.1908 wurde der Begriff „Schizophrenie" von dem Schweizer Psychiater Eugen Bleuler vorgestellt (Prognose der Dementiapraecox).

Schizophrenie hat mit einer Persönlichkeitsspaltung nichts zu tun. Es wird in der Wissenschaft immer noch diskutiert, ob es sich bei der Schizophrenie um eine einzige Krankheit (Entität) handelt oder ob sie eine inhomogene Gruppe von Erkrankungen mit unterschiedlichen Ursachen darstellt. Menschen, die an dieser Krankheit leiden, sind sehr streitsüchtig und denken auch, sie haben immer Recht.

Im Gegensatz zu der Krankheit „Demenz" zerstört die Schizophrenie nicht alle kognitiven Funktionen. Die Symptome dieser Krankheit hängen zu einem gewissen Grad von der Persönlichkeit ab und die Symptome sind sehr variabel und können sich am Tage öfters ändern.

Häufig treten akustische Halluzinationen auf und etwa 80% der an einer schizophrenen Psychose Erkrankten hören Stimmen. Diese Stimmen können plötzlich von Sätzen, die umstehende Menschen sagen, auftreten. Ein Betroffener glaubt zum Beispiel, von Außerirdischen oder Geistern beobachtet oder entführt zu werden. Er leidet oft an Verfolgungswahn oder dass Nachbarn, Freunde, Familie oder andere ihn schädigen wollen. Häufig haben die Kranken auch die wahnhafte Überzeugung, dass in ihrem Kopf ein Chip oder Ähnliches implantiert sei.

Für den Betroffenen besteht immer die Gewissheit, dass das wahnhaft Vorgestellte tatsächlich passiert. Mit zunehmender Krankheitsdauer verstärken sich diese Symptome. Diese führen zu Kontaktstörungen und sozialem Rückzug. Bis heute sind schizophrene Störungen nicht heilbar.

Laktoseintoleranz und Zöliakie können bei Menschen, die eine genetische Disposition zur Schizophrenie haben, psychotische Zustände auslösen.

Diese Krankheit macht sich oft schon in jungen Jahren bemerkbar, sie streiten oft um Kleinigkeiten und gehen bis zum Äußersten – Schuld haben aber immer die Anderen. Dadurch haben sie in ihrem Leben nicht viele Freunde, sind oft sehr einsam. Über Konflikte können sie sich nicht mit anderen Menschen austauschen, stattdessen brechen sie sofort den Kontakt ab. *Quelle: Sterbehilfe (Jutta Schütz)*

Positives Denken

Positives Denken ist die Lösung aller Probleme

der Menschheit und der Welt.

Glauben Sie wirklich daran?

Es gibt keinen Menschen auf der Welt, der immer positiv denken kann, egal wie viele Bücher er aus diesem Genre gelesen hat. Ich rate von diesen Büchern die Finger zu lassen. Die Autoren versprechen in ihren Werken dauerhafte Harmonie, Reichtum und absolutes Glück. Die einzigen, die von dieser Methode profitieren, sind die Glücksmacher selbst.

Ein krampfhafter Versuch, ausschließlich positiv zu denken führt zu einem inneren Konflikt aus Wollen und Nicht-Können. Dass die Begründer des „positiven Denkens" versuchen, einen Idealzustand zu verwirklichen, liegt in ihrer ursprünglichen Motivation, die überwiegend im religiösen Umfeld zu finden ist.

Ich bin keineswegs gegen das positive Denken, aber ich bin gegen diese Motivationskünstler, die mit geschicktem Spiel von Psychologie die Unwissenheit der Menschen „die wirklich Hilfe brauchen" schamlos ausnutzen.

Den Hilfesuchenden wird vorgegaukelt, persönliche und menschliche Schwächen durch bloßes Denken beheben zu können. So wird ein Zwang zu positivem Denken erzeugt, dem viele gar nicht standhalten können. Auf die Dauer wird es zu einem Selbstbetrug, der nicht selten zu Burnout (Ausgebrannt sein) und Depression führt. Es wäre einfach naiv und kindlich zu glauben, dass wir unsere Erde mit positiven Gedanken in ein Paradies verwandeln könnten.

Das „positive Denken" ist ein Konzept, das in Persönlichkeits- oder Motivationsseminaren und in entsprechenden Ratgeberbüchern Anwendung findet. Weitere Ableger sind „neues Denken", „richtiges Denken", „mentaler Positivismus" oder „Kraftdenken". In der zweiten Hälfte des 19. Jahrhunderts hörte man das erste Mal vom positiven Denken, das nicht zu verwechseln ist, mit positiver Psychologie.

Die neuere Hirnforschung liefert Anhaltspunkte, dass gewohnheitsmäßige Denkmuster mittel- und langfristige Auswirkungen auf unsere Gehirnaktivität besitzen.

In der Schmerztherapie zum Beispiel sind Suggestion (Beeinflussung durch andere Personen, TV, Radio usw.) und Autosuggestion (Autosuggestion ist der Prozess, durch den eine Person ihr Unbewusstes trainiert, an etwas zu glauben) kurzfristig therapeutisch nutzbar. Wir erfreuen uns natürlich an unseren positiven Gedanken und Glücksmomenten, aber wir müssen auch unsere negativen Gedanken zulassen, denn das Leben kann nicht 24 Stunden nur „high-live" sein. Wenn alles Negative, was wir jemals gedacht haben sofort Realität geworden wäre – Schreck lass nach...

Es gibt viele Gründe für den Hilfeschrei der Seele. Es kann eine Überforderung im Beruf sein, in der Familie oder auch die Maßlosigkeit in Bezug auf unser Selbstbild, weil wir das Beste sein wollen. Das kann auf Dauer nicht gut gehen.

Der erste Schritt zur Selbsthilfe wäre die Erkenntnis, dass man seine für den Moment depressive Phase zulassen darf. Heulen Sie doch mal, schreien Sie und verhauen Sie Ihre Sofakissen. Wiederholen Sie es ein paar Mal und dann gehen Sie schluchzend in die Küche und brühen sich einen Tee oder Kaffee auf. Oder lieben Sie heiße Schokolade? Vielleicht haben Sie noch Kuchen, Kekse oder ein Stück Schokolade im Haus? Jammern und stöhnen Sie ruhig weiter bis Sie für sich den Tisch gedeckt haben. Sagen Sie sich, dass Sie heute den ganzen Tag damit verbringen zu weinen, zu stöhnen und zu jammern. Heute ist Ihr ganz persönlicher Heultag! Wenn Sie dann denken, Sie hätten nun genug geweint, dann ziehen Sie Ihre Lieblingssachen an und machen sich auf den Weg, entweder zum Einkaufen oder zu einem Spaziergang. Tragen Sie doch bei verquollenen Augen eine Sonnenbrille, egal ob es Winter ist. Sie werden sich mit der Brille womöglich sicherer fühlen. Hauptsache, Sie kommen vor die Tür, schnuppern frische Luft und hören vielleicht angenehme Geräusche, die Sie auf andere Gedanken bringen.

Auch in einer Depression können Sie das Leben spüren, auch wenn es nur das Stück Schokolade ist, die warme Dusche, den Wind in Ihren Haaren bei einem Spaziergang oder der Duft eines neuen Parfüms beim Einkaufen. Versuchen Sie einmal, zu sich selbst zu sagen, dass Sie heute mit Ihrer Depression spazieren gehen! Nehmen Sie Ihre Depression an die Leine und gehen Sie nach Draußen und anschließend können Sie ja weiter lesen. Würden wir in Ihrer Nähe wohnen, würden wir mitgehen. Wenn Sie einen Freund/in haben, vielleicht hat er Lust mit zu gehen, auch wenn Sie ihm sagen, dass Sie nicht gut drauf sind.

Mit dem besten Freund/in über Probleme reden, das hilft oft mehr als der Gang zum Therapeuten. Wer ehrlich mit sich und seiner Krise umgeht, kann sie eher bewältigen und so aus ihr neue Kraft gewinnen.

Wir können aus Niederlagen viel für unser Leben lernen. Das Positive an Krisen ist oft, dass wir gezwungen werden, alte Denkweisen durch neue zu ersetzen. Es ist die Suche nach Alternativen, die in uns ganz besondere Kräfte weckt. Beginnen Sie an Ihrer Selbstwahrnehmung zu arbeiten, auch wenn es etwas Geduld und Übung braucht. So finden Sie zu einem ausgewogenen Lebensgefühl zurück. Bleiben Sie ehrlich, kein Mensch ist perfekt. Jedem geht mal was daneben. Wer über eine längere Zeit von quälenden Gefühlen der Einsamkeit und Verzweiflung heimgesucht wird, sollte handeln und sich trotzdem nicht aufgeben. Diesen Menschen fehlt das Gefühl, wertvoll und liebenswert zu sein. Das ist ein Überbleibsel entsprechender Kindheitserfahrungen.

Die Vergangenheit können wir nicht mehr ändern, aber wir können daraus lernen. Am Ende gibt es immer einen Neuanfang. Es ist normal, in einer Krise die Angst vor dem Neuen zu verspüren und es reicht oft aus, selbst aktiv zu werden, um dieses Gefühl wieder los zu werden. Es kann keinen ewigen Gewinner geben, es sind auch weder Perfektionismus noch übermäßige Stärke gefragt.

Fangen Sie nichts Neues an, weil Sie Angst haben, Fehler zu machen? Wer Schwächen und Fehler freimütig einräumen kann, ohne zu jammern, wirkt auf andere Menschen direkt sympathischer. Nutzen Sie Ihr natürliches Potenzial, jeder hat das Zeug dazu – man muss es nur ein wenig trainieren. Ein markantes Merkmal an sympathischen Menschen ist, dass sie sich selbst so akzeptieren, wie sie sind, sowie auch ihre Mitmenschen. Gerade in der heutigen Zeit, die geprägt ist von Schnelllebigkeit, Leistungsdruck und Informationsflut, ist es wichtig, öfter in sich hinein zu lauschen. Fragen Sie sich, was Ihnen wichtig ist. Möchten Sie eventuell etwas an Ihrer Lebenssituation ändern?

Auch kleine Dinge können uns glücklich machen. Lernen Sie sie wahrzunehmen und freuen Sie sich über den Vogel, der draußen sein Lied singt oder kaufen Sie sich selbst ein paar Blumen, die Sie liebevoll auf Ihrem Tisch dekorieren.

Lernen Sie diese Kleinigkeiten wahrzunehmen und richten Sie Ihre Aufmerksamkeit darauf – es wird Ihnen dann langsam besser gehen. Wir sprechen Ihnen nicht Ihre Probleme ab, sondern ermutigen Sie, Ihrer Seele ab und zu Urlaub zu gönnen. Wann waren Sie das letzte Mal in einem Wellness- oder Schwimmbad? Es tut gut, wenn man sich im Wasser leicht fühlt wie ein Fisch. Es bringt sie zwar im ersten Schritt nicht näher an einen Neuanfang, aber es ist schön, sich einfach im warmen Wasser treiben zu lassen.

Ihre Gedanken sollten nicht immer wieder um Ihre Probleme kreisen. Gönnen Sie sich doch etwas Ruhe und sagen zu sich selbst, dass Sie zu einer bestimmten Zeit eine Pause von Ihren Sorgen machen. Probieren Sie dies täglich und auch so lange bis Sie Ihre quälenden Gedanken wieder los sind. So können Sie Ihre Seele an das Abschalten gewöhnen.

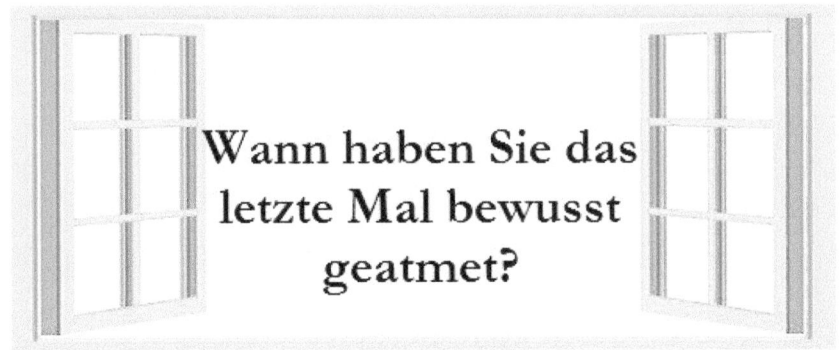

Wann haben Sie das letzte Mal bewusst geatmet?

Legen Sie sich entspannt auf Ihr Sofa, Bett oder mit einer Decke auf den Boden und legen Ihre Hände auf Ihren Bauch.

Atmen Sie tief und versuchen Sie zu spüren, wie sich Ihr Bauch dabei vorwölbt. Behalten Sie die Luft ein Weilchen in sich und atmen Sie dann ganz langsam wieder aus.

Konzentrieren Sie sich ein paar Minuten nur auf das Atmen. Wenn Sie in einer Anspannungsphase stehen, versuchen Sie für ein paar Minuten in die konzentrierte Bauchatmung zu gehen.

Holen Sie jedes Mal tief Luft und denken Sie daran, dass Sie sich dadurch innere Kraft holen. Sie werden merken, dass allmählich der Körper, wie aber auch Ihr Geist, sich langsam entspannt.

Unser seelisches Empfinden ist von der körperlichen Gesundheit nicht zu trennen.

Wer sich regelmäßig die Zeit nimmt, abzuschalten und tief zu entspannen, kann den harmonischen Lebensrhythmus wieder neu finden.

Meditation
die Ruhe für
unsere Seele

Viele Menschen haben Angst vor sich selbst, haben Angst mit sich alleine zu sein, dabei ist die Stille ein ganz wichtiger Teil Ihres Lebens. Die Stille ist der Raum, in dem die Seele Ruhe und Besinnung findet. In der Stille findet die Seele den Abstand von anstrengenden Forderungen und der hektischen Zeit.

Die Stille gibt Ihnen Ihre Energie, Lebensfreude, Ausgeglichenheit, Gelassenheit und Kreativität wieder zurück. Man braucht kein Eremit zu sein, um sich mit Meditation zu beschäftigen.

Ich empfehle täglich 10 – 15 Minuten zu meditieren.

Dafür brauchen Sie keinen teuren Kurs oder Seminare zu belegen – es geht ganz einfach: Legen Sie sich ganz bequem auf eine Decke oder finden Sie eine entspannte Körperhaltung und schließen die Augen. Beginnen Sie ruhig und entspannt zu Atmen und denken Sie, dass Sie nun Ihre Gedanken fließen lassen. Sie werden am Anfang von Ihren Gedanken überflutet werden, das wird sich aber schnell legen.

Eine regelmäßige Meditation kann beruhigend auf die Seele und Körper wirken. Die Wirkung ist neurologisch als Veränderung der Hirnwellen messbar und auch der Herzschlag wird verlangsamt. Meditation bedeutet: nachdenken, überlegen und heilen. Durch die Achtsamkeits- oder Konzentrationsübungen soll sich die Seele beruhigen. In der östlichen Kultur gilt das Meditieren als eine grundlegende und zentrale Bewusstseinserweiterung.

Es gibt viele Meditationstechniken und sie unterscheiden sich nach ihrer traditionellen religiösen Herkunft. Seit den 70er Jahren werden neben den traditionellen Meditationsformen auch an westliche Bedürfnisse angepasste Formen angeboten. Wie wir schon erwähnt haben, wirkt die Meditation am besten, wenn Sie täglich zirka 10 Minuten damit entspannen. Auf Dauer kann man die Zeit der Meditation auf zirka 30 Minuten steigern.

Die besten Zeiten sind früh am Morgen und spät am Abend, wenn die geistige Schwingung am ruhigsten ist. Natürlich können Sie auch zu jedem anderen Zeitpunkt meditieren. Setzen Sie sich in eine bequeme Stellung mit geradem Rücken. Den Rücken nicht an die Wand lehnen. Die Hände liegen dabei auf den Knien oder den Oberschenkeln, Handflächen nach unten (oder nach oben). Bitten Sie Ihre Seele zur Ruhe zu kommen, sich zu erholen und achten Sie dabei auf Ihre Atmung. Sie brauchen einfach nur zu denken, dass Sie sich nun von Ihren Sorgen, Ihrem Kummer, Ihren Ängsten, Ihrem Stress, erholen möchten.

Forscher um Yi-Yuan Tang von der Texas Tech University in Lubbock berichten, dass eine Aufmerksamkeitsmeditation in vier Wochen die Nervenfasern einer bestimmten Gehirnregion stärker als eine reine Entspannungsübung verändert.

Nach dem Meditationstraining hat sich in einem vorderen Teil der Hirnrinde die Isolierung der Nervenzellfortsätze (Axone) deutlich verbessert, was zu einer schnelleren Durchleitung von Signalen führt. Dieser sogenannte anteriore singuläre Cortex wird allgemein mit der Kontrolle von Wahrnehmung und Emotionen in Verbindung gebracht sowie mit der Fähigkeit, Konflikte zu lösen.

Das heißt, dass durch die Meditation bereits nach vier Wochen das Gehirn schnellere Signale zeigt und die Forscher sehen darin die Chance für neue Therapien von psychischen Erkrankungen. Wir möchten auch behaupten, dass man auch anders meditieren kann. Wir auf jeden Fall finden verschiedene Situationen, bei denen wir sehr gut entspannen können.

Zum Beispiel: mit dem Rad durch die Natur radeln, schwimmen gehen und sich im Wasser vor sich hin treiben lassen, im Sprudelbad sitzen und die Wallungen an der Haut spüren, in einem Straßenkaffee sitzen und Leute beobachten, leichte Musik oder Meeresrauschen von einer CD oder MP3 Player hören und dabei die Augen schließen und träumen.

Versuchen Sie doch auch mal etwas zu tun, was Sie sonst selten machen oder noch nie getan haben.

Malen Sie ein Bild, auch wenn Sie denken, Sie können nicht malen oder dekorieren Sie Ihre Wohnung neu. Visuelle Reize regen unsere Kreativität an und lenken uns vom Alltag ab.

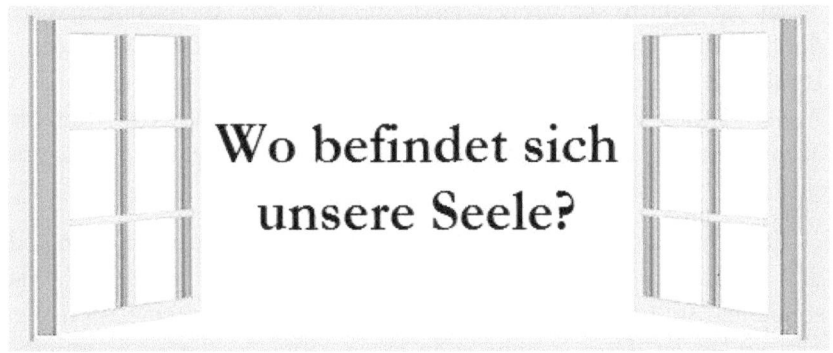

Wo befindet sich unsere Seele?

Vor vielen Jahren glaubten die Menschen noch, dass das Herz der Sitz von Verstand und Gefühl sei. Heute spricht man davon, dass es das Gehirn sein soll.

Unser Gehirn ist neben dem Kosmos das Komplexeste, was die Natur je geschaffen hat. Es ist unser menschliches Zentrum, unsere scheinbare Persönlichkeit, unsere Gefühlswelt mit Freude und Trauer, Lachen und Weinen und speichert unsere Erlebnisse.

Dieses zirka 1,4 bis 1,6 kg schwere, weiche Organ (Gehirn) soll also der Sitz unserer Persönlichkeit sein! Das Wort „Seele" ist nichts für Menschen die alles zu eng sehen und die immer sehr traurig sind. Dieses Wort bleibt ihnen oft in negativer Erinnerung da es mit „seelischen Problemen" in Verbindung gebracht wird.

Es gibt von der Wissenschaft auch immer noch keinen Hinweis auf eine Seele, aber es gibt viele Bücher, die beschreiben, was die Seele krank macht.

Viele Verzweifelte forschen nach der Ursache für ihr eigenes „Seelenleiden" und suchen gezielt nach diesen Büchern, die höchstwahrscheinlich ins Nichts oder zum völligen Absturz führen. Auch kann ein verzweifelter Mensch nicht dauernd positiv denken.

Wie der Titel einer erfolgreichen Soap im Fernsehen schon sagt: Es gibt „gute Zeiten" und „schlechte Zeiten". Es ist einfach unmöglich täglich gut drauf zu sein. Wenn man krampfhaft versucht es doch zu sein, hat man schon verloren.

Es ist schon schwer zu glauben, dass das menschliche Gehirn durch einen Evolutionsprozess entstanden sein soll. Die Ideen zur Evolution gab es seit dem 6. Jahrhundert vor Christus und wurde von Anaximander vertreten. Dieser Philosoph nahm an, dass die ersten Menschen aus Fischen oder fischähnlichen Lebewesen entstanden sind.

Die Gegner der Evolutionstheorie vertreten die Auffassung, dass das Entstehen des Lebens mit samt seinem Bewusstsein unwahrscheinlich sei und durch Gott oder einem anderen intelligenten Wesen entstanden ist. Und so gibt es immer wieder großartige naturwissenschaftliche Theorien, die Menschen faszinieren. Es geht weit über den Kreis der Forscherinnen und Forscher hinaus und die Evolutionstheorie gehört einfach dazu, die auf den Arbeiten Darwin, Plancks, Heisenbergs, Schrödingers, Paulis und vielen anderen beruhen.

Was ist aber mit unserer Seele? Wie ist sie entstanden und wo befindet sie sich? An diesem Punkt kann uns die Wissenschaft absolut keine Erklärung liefern. Und solche Bücher werden Ihnen im Moment auch nicht viel weiter helfen.

Es ist der erste Schritt, wenn Sie begreifen, dass Sie sich selbst helfen müssen. Heben Sie ihren Kopf und überlegen Sie, was Ihnen gut tun könnte.

Wenn es einem seelisch (wo auch immer die Seele im Körper sich befindet) nicht gut geht, möchte man doch, dass es einem schnell wieder besser geht. Manchmal genügt es, mit einem Freund/in zu reden, einen Spaziergang zu machen, sich in ein Kaffee zu setzen oder sich was nettes (nicht bei Kaufsucht) zu kaufen. Aber manchmal sitzt die Depression schon viel zu tief. Depressionen sind eine schlimme Sache, die wesentlich mehr Menschen betrifft als man denkt. Dabei gehören Phasen mit erhöhten Stimmungsschwankungen zum Leben eines jeden Menschen dazu, was absolut normal ist. Dauern diese Phasen jedoch längere Zeit an, kann es sich bereits um eine echte Depression handeln.

Wenn Sie die Diagnose einer Depression haben, liegt es an Ihnen selbst, die Erkrankung als solche zu akzeptieren. Eine Depression hat nichts mit Wehleidigkeit oder einem schwachen Charakter zu tun.

Jeder Mensch hat in seinem Leben einige Depressionen zu überstehen und in der heutigen Zeit droht das Loch schon mit Anfang 20 – Midlife-Crisis war gestern. Viele Patienten bekommen Angst, wenn sie bemerken, dass sie an einer seelischen Störung erkrankt sind, niemand möchte als verrückt gelten.

Es ist die Suche nach dem perfekten Job, Studium, Familie, Kinderwunsch, Aussehen, die viele Menschen überfordert. Manchmal ist man schon überfordert mit der Frage, wo setze ich meine Prioritäten? Immer mehr junge Leute zwischen 18 und 25 plagt die Quarterlive Crisis (Sinnkrise).

Versuchen Sie einmal die negativen Gedanken, die Sie haben, nicht so ernst zu nehmen und versuchen Sie trotzdem aktiv zu bleiben. Wenn sich Ihr Geist nur noch den negativen Gedanken widmet, entsteht eine Spirale, die Sie immer weiter in die Depression treibt.

Versuchen Sie sich, mit positiven Dingen zu beschäftigen und unter Menschen zu gehen, sich mehr Ihren Hobbies zu widmen oder mehr Sport zu treiben. Wir wissen, dass es in einer depressiven Phase schwierig ist, überhaupt irgendwelche Freude an einer Aktivität zu verspüren oder eigentlich angenehme Dinge wahrzunehmen. An einer Depression erkrankte Menschen sind, wie alle anderen kranken Menschen, nicht mehr voll leistungsfähig.

Nun ist es leider so, dass einem in der Depression selbst kaum Dinge einfallen, die einem eigentlich gut tun würden und dies führt dann zwangsläufig dazu, dass man immer weniger angenehme Dinge unternimmt. Man hört oft von Schwermütigen, dass man gerade jetzt nicht in der Lage sei, geplante Unternehmungen zu verwirklichen. Setzen Sie sich also keine zu hohen Ziele, denn wenn Sie diese nicht erreichen, bildet sich wieder eine Spirale, die Sie weiter in die Depression ziehen könnte.

Seien Sie geduldig mit sich selbst, geben Sie sich nicht selbst die Schuld, dass es Ihnen im Moment schlecht geht und flüchten Sie sich nicht in die vermeintlichen Problemlöser: Alkohol oder Drogen. Die Rauschgifte mögen zwar kurzzeitig psychische Erleichterung bringen, aber bereits mittelfristig werden sich Ihre Probleme dadurch nur noch verschlimmern.

Natürlich wird es Ihnen nicht sofort besser gehen, und ehrlich gesagt, werden Sie auch nicht gleich viel Spaß und Freude empfinden, aber Sie werden spüren, dass sich ihre Stimmung schrittweise durch Aktivitäten verbessert.

Probieren Sie kleine Schritte, es ist einen Versuch wert. Etwas Neues zu beginnen macht am Anfang immer etwas Angst, denn wir wissen ja nicht, wohin die Reise geht.

Versuchen Sie aber trotzdem neugierig zu sein und brechen Sie aus Routinen aus. Versuchen Sie neue Kontakte zu knüpfen oder erlernen Sie eine neue Sprache.

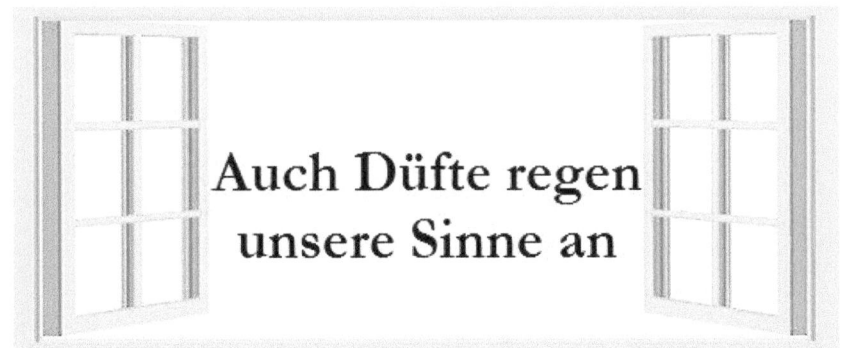

Auch Düfte regen unsere Sinne an

Kennen Sie den Spruch von Jacques Rousseau? Der Geruchsinn ist der Sinn der Erinnerung und des Verlangens. Auch Düfte regen unsere Sinne an und jeder Duft gelangt über die Nase in bestimmte Teile des Gehirns. Der Duft stimuliert in Sekundenschnelle das vegetative Nervensystem. Die Gerüche setzen sich aus bis zu 500 Einzelwirkstoffen zusammen und es reichen oft nur wenige Substanzen, um einen Geruch zu erkennen.

Dem Vanillearoma sagt man zum Beispiel nach, dass es ein Glücksbote sei. Der süße Duft setzt Glückshormone frei und es hat eine positive Wirkung auf unsere Gedankenwelt. Rosenöl sorgt für gute Laune und Lavendel ist ein Schlummerkraut, das für eine ausgeglichene Wirkung sorgen kann. Der eingeatmete Duft gelangt durch die Nase auf unsere Riechschleimhaut. Dort sitzen zirka 10 Millionen Riechnervenzellen, wo jede Riechzelle auf einen speziellen Duftstoff spezialisiert ist.

Die Düfte wecken Erinnerungen in uns und einige Gerüche versetzen uns zurück in unsere Kindheit. Gefährliche Düfte wie z. B. Modergeruch oder Brandgeruch warnen uns ein Leben lang. Dagegen bleiben uns die Düfte, mit denen uns ein schönes Ereignis verbindet, in guter Erinnerung.

Farbpsychologie

Farben haben großen Einfluss auf unsere Sinne, denn die Farbe nimmt man sinnlich wahr - und je nach Farbkombination empfängt man verschiedene Signale.

Die Bedeutung der Farben:

- **Braun** ist die Farbe der Erde und wird oft mit köstlicher Schokolade in Verbindung gebracht. Sie symbolisiert Luxus, Eleganz und Sinnlichkeit.

- **Violett** – der Lavendelton ist geeignet für das Schlafzimmer. Der Ton verbreitet eine ruhige Atmosphäre.

- **Blau** ist eine coole Farbe und steht für Himmel und Wasser, Vertrauen, Frieden, Ruhe, Harmonie und Sicherheit. Himmelblau, Schattierungen von Graublau und reinem Weiß ermöglichen einen friedlichen Rückzug zur Beruhigung von Seele und Geist.

- **Grün** ist eine frische Farbe der Natur und steht für die Umwelt, Gesundheit, Glück, Jugend und Fruchtbarkeit. Dieser Farbe werden heilende Kräfte nachgesagt und hebt die Laune.

- **Rosa** ist eine positive, fröhliche Farbe mit violetten und roten Tönen. Sie ist jung, macht Spaß und wirkt verspielt.

- **Rot** ist eine starke Farbe und wir verbinden sie mit Liebe, Energie, Leidenschaft und Emotionen sowie auch mit Gefahr und Wut. Sie ist aktiv, vitalisierend und stimulierend.

- **Orange** ist die heißeste Farbe im Spektrum. Sie ist lebhaft und ausgelassen.

- **Gelb** ist die Farbe der Sonne - sie vermittelt uns leistungsfähige Wärme, Reichtum und Glück. Die Farbe kann glücklich machen und mehr Energie vermitteln. Im Farbkreis ist Gelb das Gegenteil von Violett, deshalb funktioniert die Kombination von Gelb und Lila oder Blau wunderbar.

- **Weiß** ist die Farbe der Reinheit und der Sauberkeit. Sie ist immer rein und ansprechend - eine gute Möglichkeit der Neutralisierung überquellender Gedanken.

- **Grau** ist die Farbe von vollkommener Zurückhaltung – sie ist unauffällig und wird auch mit Angst, Langeweile und Unsicherheit in Verbindung gebracht. Graue Businessanzüge stellen die Individualität zurück und wirken nüchtern.

- **Schwarz** ist die Farbe der Dunkelheit und der Trauer – ist aber auch Ausdruck von Ansehen und Würde. In der Mode wirkt sie edel und feierlich und vermittelt Seriosität sowie Respekt.

- **Gold** wird häufig mit der Sonne in Verbindung gebracht und steht für Macht und Reichtum. Sie gibt Kraft und Inspiration und hilft gegen Angst und Unsicherheit

- **Silber** wirkt reinigend und harmonisierend und sie ist eine Farbe der Höflichkeit. Es wird ihr Klugheit, Selbstständigkeit, Sicherheit und Pünktlichkeit nachgesagt.

- **Cyan/Türkis** ist eine kühle und frische Farbe. Sie vermittelt geistige Freiheit und Offenheit – kann aber auch sehr distanziert wirken. Die Farbe wird bei Infekten und Allergien aller Art verwendet und soll das Immunsystem schützen. Kleidung in Türkis wirkt immer etwas extravagant.

Was ist Yin & Yang?

Yin und Yang ist ein philosophischer Ausdruck für Gegensätze!

Es gibt nicht nur schwarz oder weiß, männlich oder weiblich, kalt oder heiß.

Es soll verdeutlichen, dass nur in der Einheit der Gegensätze eine Entwicklung möglich ist - denn wer nicht weiß, was groß ist, der kann auch nicht wissen, was klein ist.

Man könnte auch sagen: Yin und Yang sind die Gegenpole des chinesischen Denkens. In jedem Teil liegt der Keim des jeweils anderen.

Yin und Yang wird grafisch mit zwei Punkten dargestellt.

Das Gegensätzliche findet sich z. B.:

- Warm und Kalt

- Hell und Dunkel

- Mann und Frau

- Schwarz und Weiß

- Groß und Klein

- Unten und Oben

- Weich und Hart

Sicherlich können auch Sie diese Liste mühelos fortsetzen.

Ins Deutsche übersetzt heißen Yin „Schattenseite des Berges" oder „schattige Uferseite des Flusses" und Yang bedeutet: „Sonnenseite des Berges" oder „sonnige Uferseite des Flusses".

Das Zeichen „Yin und Yang" hat ihre Bedeutung in der Chinesischen Medizin und in der Chinesischen Philosophie. Sie teilt die Menschen zum Beispiel in Yin- und Yang-Typen ein. Entsprechend dieser Typisierung brauchen die unterschiedlichen Menschen auch verschiedene Ernährungsweisen.

Das System von Yin und Yang ist die Grundlage der Feng Shui! Die Zeichen Yin und Yang sind die Gegenpole chinesischen Denkens - in jedem Teil liegt der Keim des jeweils anderen, was grafisch mit zwei Punkten dargestellt wird.

Seit dem fünften Jahrhundert vor Christi Geburt wurden diese Zeichen in der chinesischen Philosophie benutzt. Der Begründer dieser Philosophie ist der Philosoph Lao-Tse, der im 6. Jahrhundert vor Christus lebte und das Buch „Tao Te King" niederschrieb. Dieses Buch Tao te King umfasst 81 Kapitel z. B. über Bewusstwerdung, innere Gestaltung, Führung und Organisation. Nach den Lehren der traditionellen chinesischen Medizin fließen Yin und Yang durch unseren Körper. Sie müssen in einem Gleichgewicht sein, damit sich keine Blockaden in den Energiebahnen bilden. Leider werden Yin und Yang viel mit Esoterik in Verbindung gebracht und auch missbraucht.

Man sagt:

Im Physiologischen dominieren Yin und Yang bestimmte Abschnitte im menschlichen Körper.

So kontrolliert Yin:

- die inneren

- unteren

- ventralen Teile des Körpers

und Yang die:

- äußeren

- oberen und

- dorsalen Bereiche.

Ein chinesischer Arzt diagnostiziert eine Krankheit durch Überprüfung des Pulses und die Wahrnehmung eines Ungleichgewichtes im so genannten Qi - Dieses wird als Lebensenergie übersetzt. Alle therapeutischen Maßnahmen in der chinesischen Medizin zielen darauf ab, Yin und Yang wieder auszutarieren. Der Arzt wird versuchen, durch Abtasten, Fühlen, Sehen, Hören und Riechen herauszufinden, wodurch das Gleichgewicht von Yin und Yang gestört wurde. Er wird auch den Puls fühlen, den Urin ansehen sowie Zunge, Augen, Nase, Ohren, Mund und Zähne inspizieren.

In unserer heutigen Zeit nehmen Zivilisationserkrankungen rapide zu, darunter sind:

➢ Diabetes

➢ Rheuma

➢ Darmerkrankungen

➢ Hauterkrankungen

➢ Krebserkrankungen

➢ Chronische Rückenschmerzen

➢ Depressionen

Die Schulmedizin, die wir in der westlichen Welt kennen, stößt hier oft an ihre Grenzen - immer mehr Menschen suchen nach Alternativen und dazu gehört die Traditionelle Chinesische Medizin.

Die Eigenschaften von Yin & Yang

- Sie sind Gegensätze

- Sie stärken sich

- Sie sind die Grundlagen für Feng Shui

- Sie befinden sich immer in der Veränderung

- Sie treten niemals alleine auf, sondern gemeinsam

- <u>Yang = positive Kraft</u>, steht für männlich, Sommer, Feuer, Sonne, Bewegung, Überfunktion

- <u>Yin = negative Kraft</u>, steht für weiblich, Nacht, Winter, Wasser, Mond, Ruhe, Unterfunktion

- An der Spitze des Yang steigt Yin auf und Yang ab

- An der Spitze des Yin steigt Yang auf und Yin ab

- Das Yin kann ohne das Yang nicht sein

Der chinesische Begriff „Qi" bedeutet:

- Lebenskraft
- Energie
- Atem
- Fluidum
- Luft
- Äther
- Gas
- Dampf
- Hauch
- Temperament
- Atmosphäre
- Kraft

Qi kann in der Natur und auch im Organismus als Antriebs-kraft betrachtet werden:

- Geistige Regungen
- Verdauung
- Wärmen
- Umwandeln
- Schützen und Verteidigen
- Transport
- Halten

Wenn Qi ausreichend vorhanden ist und harmonisch unseren Organismus durchfließt, sind wir gesund. Wir können unser Qi durch eine gesunde Lebensweise bewahren:

- Bewegung

- Ruhezeiten

- Ernährung

In der chinesischen Medizin heißt es auch: Wenn die Gefühle verdrängt werden, kommt es oft zu chronischen Störungen. Das sagen auch die Psychologen!

Zum Beispiel:

- Angst schwächt die Nieren

- Wut und Zorn schädigen die Leber

- Traurigkeit schwächt die Lungenenergie

- Erregung schädigt das Herz

- Grübeln führt zu Magen/Milz-Beschwerden

Wenn Sie in der Alternativ-Medizin Hilfe suchen, werden Sie lange nach einem seriösen Arzt suchen müssen. Schauen Sie genau hin, wenn Sie sich auf diese Alternative einlassen möchten.

Der Export von chinesischen Heilmitteln ist ein lukratives Geschäft geworden. Zum Beispiel ist der Bedarf an chinesischen Heilkräutern in Deutschland sehr groß und die meisten Kräuter werden aus China importiert. Die chinesische Regierung teilte mit, dass 1995 etwa 400.000 Tonnen chinesischer Arzneien in die ganze Welt exportiert wurden mit einem Wert von etwa 2 Milliarden US-Dollar.

Neuere Zahlen sind nicht bekannt, doch schätzt man den gegenwärtigen Umsatz auf weit über eine Million Tonnen und einen Exporterlös von etwa 12 Milliarden Euro. Ein kürzlich von Greenpeace veröffentlichter Bericht weist darauf hin, dass derzeit möglicherweise chinesische Arzneimittel in deutschen Apotheken im Umlauf sind, die erhöhte Werte an Schwermetallen und Pestiziden aufweisen.

Quelle: Gift aus der Apotheke: greenpeace magazin 4.04Chinesische Heilkräutertees sind mit Schwermetallen und Pestiziden belastet, ergaben Laboruntersuchungen.

http://www.greenpeace-magazin.de/index.php?id=3150

Die Traditionelle Chinesische Medizin (TCM) ist in den letzten Jahren immer bekannter und beliebter geworden - nicht nur, weil die Schulmedizin von vielen Patienten zunehmend kritisch gesehen wird. TCM ist aber auch ein Modetrend, der von den Medien gefördert wird und gleichzeitig interessieren sich auch immer mehr Schulmediziner für alternative Behandlungsmethoden.

❖ Zitat von Dalai Lama: Es ist wichtig zu wissen, dass es drei Arten von Weisheit gibt: Weisheit, die aus dem Hören entsteht, Weisheit, die aus dem Nachdenken entsteht, und Weisheit, die aus der Meditation entsteht.

Quelle:

Buchdaten: PSYCHOLOGIE KURZ UND KNAPP VERPACKT - Hilfreiches Wissen für die Seele

Autoren: Sabine Beuke und Jutta Schütz

Verlag: Books on Demand — EUR 13,90

ISBN-13: 9783732234929 - ISBN-10: 3732234924

Nachwort

Das Leben wird immer schneller und rasanter – viele Menschen bleiben daher auf der Strecke und gehen irgendwo verloren. Zunehmend junge Menschen erkranken an Depressionen. Ständig stehen wir unter Druck.

Wenn sich Ihr Geist nur noch den negativen Gedanken widmet, entsteht eine Spirale, die Sie immer weiter in die Depression treibt. Versuchen Sie sich, mit positiven Dingen zu beschäftigen und unter Menschen zu gehen, sich mehr Ihren Hobbies zu widmen oder mehr Sport zu treiben. Wir wissen, dass es in einer depressiven Phase schwierig ist, überhaupt irgendwelche Freude an einer Aktivität zu verspüren oder eigentlich angenehme Dinge wahrzunehmen. An einer Depression erkrankte Menschen sind, wie alle anderen kranken Menschen, nicht mehr voll leistungsfähig.

Nun ist es leider so, dass einem in der Depression selbst kaum Dinge einfallen, die einem eigentlich gut tun würden und dies führt dann zwangsläufig dazu, dass man immer weniger angenehme Dinge unternimmt. Man hört oft von Schwermütigen, dass man gerade jetzt nicht in der Lage sei, geplante Unternehmungen zu verwirklichen. Setzen Sie sich also keine zu hohen Ziele, denn wenn Sie diese nicht erreichen, bildet sich wieder eine Spirale, die Sie weiter in die Depression ziehen könnte.

Probieren Sie kleine Schritte, es ist einen Versuch wert.

Etwas Neues zu beginnen macht am Anfang immer etwas Angst, denn wir wissen ja nicht, wohin die Reise geht. Versuchen Sie aber trotzdem neugierig zu sein und brechen Sie aus Routinen aus. Versuchen Sie neue Kontakte zu knüpfen oder erlernen Sie eine neue Sprache.

Man kann niemanden etwas lehren,

man kann ihm nur helfen,

es in sich selbst zu finden. (Galileo Galilei – 1564-1642

Ich wünsche Ihnen Hoffnung, Kraft und Liebe

Ihre Jutta Schütz

BUCHTIPPS

ALLE Bücher sind auch als E-Book käuflich auf dem download-Portal von itu-nes.apple.com, verfügbar, sowie auch auf dem iPhone, iPad oder iPod touch. Überall im Handel erhältlich (auch in den USA, Kanada und Australien).

PSYCHOLOGIE KURZ UND KNAPP VERPACKT

Hilfreiches Wissen für die Seele

Autoren: Sabine Beuke & Jutta Schütz

Verlag: Books on Demand - € 13,90

ISBN-13: 9783732234929 - ISBN-10: 3732234924

Auf der Grundlage von geschulter Menschenkenntnis und psychologischen Erkenntnissen vermittelt dieses Buch viele interessante Informationen und gewinnbringende Selbsterkenntnis. Die Autorinnen „Jutta Schütz & Sabine Beuke" verstehen es, verstreutes „psychologisches Wissen" einzusammeln, zu ordnen und in eine passende Form zu bringen. Sie schärfen Ihre Sinne und erklären, was Sie schon immer über sich selbst wissen wollten, von der Entstehung Ihrer Persönlichkeit bis hin zu Ihren Konflikten und deren Lösungen. Sie geben Ihnen die Möglichkeit, sich mit sich selbst auseinander zu setzen und beleuchten auch die Gründe für vielfältige Verhaltensweisen. Die dadurch erreichbare Selbsterkenntnis kann helfen, Ihre Probleme besser zu lösen. Wer Ursache und Wirkung seiner selbst erkennt, hat die Kraft sich zu ändern.

Das Buch ist geeignet für Menschen ohne psychologisches Vorwissen und kann in Lebenskrisen helfen.

Es ist voll mit Wissen über das, was wir jeden Tag tun, jedoch oft ohne es zu wissen. Psychologisch erklären die Autorinnen „Jutta Schütz & Sabine Beuke" in diesem Buch, warum wir sind, wie wir sind, was wir ändern können und wie viel wir selbst lenken oder umlenken könnten, wenn wir uns durch dieses Buch auf die Sprünge helfen lassen.

Sterbehilfe
Die Erinnerung bleibt für immer

Autorin Jutta Schütz - Verlag: Books on Demand - € 6,99
ISBN-10: 3739208295 und ISBN-13: 978-3739208299

Wenn es keine Heilung mehr gibt – keinen Weg zurück ins Leben, dann wünschen wir uns und jedem anderen Menschen auch, dass WIR gut aufs Sterben vorbereitet sind, egal wie krank oder wie alt wir sind.

Die Werthaltungen, Wünsche und Bedürfnisse schwerkranker und sterbender Menschen sind aber sehr unterschiedlich.

Wenn ein Mensch unheilbar krank ist und unter großen Schmerzen leidet, ist bei dem Betroffenen oder seinen Angehörigen der Gedanke an Sterbehilfe oft nicht mehr sehr weit weg.

Allerdings gibt es neben Argumenten für das DAFÜR auch Argumente für das DAGEGEN. Und auch rechtlich gesehen ist die aktive Sterbehilfe in Deutschland anders geregelt als in anderen Ländern.

Mit der sogenannten Patientenverfügung, die im Jahr 2009 in Deutschland eingeführt wurde, kann der Patient zumindest teilweise frei über sein Lebensende entscheiden.

Autismus verstehen:
Ratgeber für Hilfesuchende

Autorin Jutta Schütz - Verlag: Books on Demand - € 3,90
ISBN-10: 3734790212 und ISBN-13: 978-3734790218

Der Autismus hat viele Gesichter, wer sich nicht mit diesem Thema auseinander setzt, kann es kaum glauben, dass es Autisten gibt, die auf den ersten Blick völlig normal wirken. Autismus gehört zu den schwersten psychischen Störungen, dessen Symptome ebenso das Jugend- und Erwachsenenalter betreffen. Nach heutigem Erkenntnisstand werden mit autistischen Störungen vielschichtige Phänomene beschrieben, welche von Geburt an vorliegen oder in den ersten Lebensjahren auftreten und fortbestehen. Autisten können nur selten eine Beziehung zu ihrer Umwelt aufbauen. Manche Autisten haben eine geistige Behinderung oder erreichen eine normale Intelligenz. Es gibt auch überdurchschnittlich intelligente Autisten. Diese haben eine sogenannte Inselbegabung. Nicht jede Verzögerung der Entwicklung muss gleich die Diagnose Autismus bedeuten, es sind verschiedene Untersuchungen notwendig. Und darüber hinaus sind autistische Störungen bei jedem Kind unterschiedlich stark ausgeprägt.

Das Wort AUTISMUS ist ein Sammelbegriff für verschiedene tiefgreifende Entwicklungsstörungen (Autismus-Spektrum-Störung). Die Diagnose „Autismus" wird in Deutschland oft erst im Alter von drei bis sechs Jahren gestellt und bei „Asperger" noch viel später. Viele Kinder scheinen bis zum ersten oder zweiten Lebensjahr eine normale Entwicklung zu durchlaufen. Die meisten Eltern von Kindern mit Autismus spüren schon früh, dass etwas mit ihrem Kind nicht stimmt. Sie finden aber selten das richtige Gehör bei Ärzten. Es vergehen oft viele wertvolle Jahre bis zur richtigen Diagnosestellung. Eine reine Autismus-Diagnose bringt dem Kind nichts. Wichtig ist auch eine Überprüfung der Intelligenz, der Sprachentwicklung und Motorik. Viele Eltern sind am Anfang sehr geschockt. Das ist auch ganz verständlich, schließlich handelt es sich um eine lebenslange Diagnose.

CANNABIS im medizinischen Einsatz
(Mehr als nur eine Droge)

Autorin: Jutta Schütz

Verlag: Books on Demand (10. August 2015)

Sprache: Deutsch - € 4,99

ISBN-10: 3738632824 und ISBN-13: 978-3738632828

Cannabis ist in unseren Breitengraden als Rauschmittel bekannt, dabei hat es medizinisch einen hohen Nutzen. Einige Substanzen in Haschisch und Marihuana haben erstaunliche medizinische Wirkungen. Aus diesen Gründen wird Hanf auch in der Medizin eingesetzt. Die Anwendung ist streng geregelt. Cannabis wird schon länger in der Medizin eingesetzt. Die Pflanze kann die Leiden chronischer Schmerzpatienten verringern und die Übelkeit und das Erbrechen von Krebspatienten lindern.

Es ist die am häufigsten konsumierte illegale Substanz in Deutschland. Zirka zwei Millionen Menschen in Deutschland greifen nach Angaben der Drogenbeauftragten der Bundesregierung regelmäßig zu Cannabis. Vor allem Jugendliche und junge Erwachsene probieren den Rausch der Pflanze aus.

Spricht man medizinisch von Cannabis, so meint man Cronabinol.

Der Hanf zählt zu den ältesten Nutz- und Zierpflanzen der Welt. Beide Arten werden vielseitig genutzt. Neben dem Gebrauch als Faserpflanze und Drogenpflanze findet Hanf auch als Heil- und Ölpflanze Verwendung.

INHALTSVERZEICHNIS

LOW-CARB - 555 Rezepte/BEST OF
Autoren: Jutta Schütz, Sabine Beuke

Verlag: Books on Demand

Paperback - 244 Seiten - € 9,99

ISBN 978-3-7386-3677-2

Es gibt 555 Rezepte – alle ohne Zucker sowie viele Infos zur Gesundheit!

Die kohlenhydratarme Ernährung „Low Carb" verzichtet auf Produkte wie Zucker, Kartoffeln, Reis, Brot und Nudeln. Wie man die Low Carb Philosophie im Alltag in Rezepte umsetzen kann, können Sie sich in diesem großen Buch ansehen. Die richtigen Lebensmittel stärken nicht nur unseren Körper, sie halten uns auch gesund.

Es gibt bestimmte Lebensmittel, die lösen im Körper eine Mini-Entzündung aus, schwächen das Immunsystem und lassen ihn mit der Zeit alt aussehen. Sehr oft sind es Produkte, die Zucker enthalten oder zu viele Kohlenhydrate die sich im Körper in Zucker umwandeln. Prinzipiell gilt, je niedriger der Zuckergehalt eines Lebensmittels ist, desto besser funktioniert die Verdauung im Körper.

Es braucht nun mal Zeit und Geduld und Beharrlichkeit, um jahrelange oder sogar jahrzehntelange Fehler in der Lebensweise wieder auszugleichen. In den aktuellen wissenschaftlichen Studien setzt sich immer mehr die Meinung durch, dass die Kohlenhydrate Mitverursacher ernährungsbedingter Zivilisationskrankheiten sind.

Die Low Carb Bücher der Autorinnen „Sabine Beuke & Jutta Schütz" haben sich einen festen Platz in den Bestsellerlisten und in der Presse erobert.

Die Autorinnen vermitteln mit ihren Büchern Motivation pur und räumen mit alten Vorurteilen auf. Anhand von vielen wissenschaftlichen Berichten von Ernährungsforschern nehmen sie die Angst vor einer kohlenhydratarmen Ernährung. Wer ihre Bücher kennt, stellt schnell fest, dass es auch viele Rezepte gibt, und dass sich die Ernährung abwechslungsreich gestalten lässt. Wichtige Informationen, die man über die Ernährung und Verdauung sonst nirgends lernt – in ihren Büchern kommen sie äußerst anschaulich und gut verdaulich auf den Tisch.

Wer Ratgeber oder Sachbücher schreibt, sollte das Wissen so aufbereiten, dass es auch Laien verstehen können. Die Autorinnen haben die Voraussetzung, Fachwissen kompakt zusammen zu fügen und dieses verständlich zu erklären.

Dabei ist es wichtig, das Wissen eines Laien im Auge zu behalten. Beide Autorinnen haben schon mehrere Ratgeber geschrieben und der Erfolg gibt ihnen Recht. Wer sich einem bestimmten Thema widmet, muss stets ein Stück weit über den Tellerrand hinausschauen.

http://www.jutta-schuetz-autorin.de/
http://www.sabinebeuke.de/

Zum Beispiel informiert dieses Buch über den Zucker:

Zirka 36 Kilo Zucker verputzt der Durchschnittsdeutsche in einem Jahr. Zucker hat viele negative Auswirkungen auf den Körper – er macht krank, müde, depressiv und antriebslos. Der Zucker ist süß und verführerisch und vielleicht auch gefährlich…

Es gibt viele Bezeichnungen für Zucker

- Lävulose
- Fructose
- Farin
- Glucosesirup
- Saccharose
- Glucose
- Dextrose
- Maltrodextrose
- Invertzucker
- Maltrose
- Lactose

Auch der Milchzucker, Fruchtzucker, brauner Zucker, Rohrzucker oder Traubenzucker sind keine guten Zuckerarten.

Steht auf den Lebensmittelverpackungen „ohne Zucker", bedeutet dies: Es wurde kein Haushaltszucker (Saccharose) verwendet oder hinzugefügt. Aber Vorsicht, dennoch können andere Zuckerarten zum Einsatz gekommen sein.

Glukose besteht aus einer ringförmigen Verbindung, sechs Kohlenstoff Atomen und jedes dieser sechs Atome hat vier chemische Bindungen. Die linksdrehende Vergärung der Kohlenhydrate kann der Mensch nicht so gut abbauen. Rechtsdrehende Milchsäuren (Fleisch) dagegen sind nicht so gefährlich.

Viele Menschen haben eine Übersäuerung des Gewebes durch zu viele Kohlenhydrate und nicht, wie oft angenommen wird, durch zu viel Fleischgenuss und tierischem Eiweiß. Wer mehr über Glukose erfahren möchte, siehe Wikipedia:

http://de.wikipedia.org/wiki/Glucose

Jedes Buch der Autorin Eva Schatz ist für NUR 3,99 Euro erhältlich. Gute Ratgeber müssen keine 100 Buchseiten haben. Wichtig ist, dass der Autor auf den Punkt kommt.

Das 3. Buch handelt von der Ernährungsform Low Carb und MS! Das andere Lowcarb-Buch: Kohlenhydratarme Ernährung (21 Rezepte). Dieses kleine Büchlein bringt die richtige Dosis an Informationen über Low-Carb, ohne zu überfordern (mit 21. Rezepte).

Seit ein paar Jahren gibt es wissenschaftliche Studien, dass auch bei Multiple Sklerose positive Wirkungen mit einer Low-Carb Ernährung beobachtet wurden. Bei vielen neurologischen Erkrankungen, wie MS, Epilepsie, Demenz, Alzheimer und Parkinson, spiele oxidativer Stress eine Rolle. Ein Zuviel an Kohlenhydraten könne diesen oxidativen Stress verstärken. Es wird berichtet, dass oxidativer Stress - sogenannte freie Radikale beim Stoffwechsel entstehen lässt, welche die Entstehung von Krebs begünstigen können.

Einige Studienteilnehmer hätten später berichtet, dass sie geistig wacher seien. Probanden der MS-Studie der Charité sagten, deutlich verbessert habe sich auch ihre Beweglichkeit.

Nach dem großen Erfolg von „Das andere MS-Buch" hat sich die Autorin entschlossen, mehrere „kleine Büchlein für den kleinen Geldbeutel" zu veröffentlichen.

Das andere Migräne-Buch: Das Gewitter im Kopf

Autor: Eva Schatz

Verlag: Books on Demand; Auflage: 1 (2. April 2015)

Sprache: Deutsch

ISBN-10: 3734781132 und ISBN-13: 978-3734781131

Das andere MS-Buch: Multiple Sklerose

Autor: Eva Schatz

Verlag: Books on Demand; Auflage: 1 (17. Februar 2015)

Sprache: Deutsch

ISBN-10: 3734765196 und ISBN-13: 978-3734765193

Das andere Lowcarb-Buch: Kohlenhydratarme Ernährung (21 Rezepte)

Autor: Eva Schatz

Verlag: Books on Demand; Auflage: 1 (8. Juni 2015)

Sprache: Deutsch

ISBN-10: 3734780934 und ISBN-13: 978-3734780936

Scheherazades Rezepte für Singles

Autor: Eva Schatz

Verlag: Books on Demand; Auflage: 1 (25. September 2014)

Sprache: Deutsch

ISBN-10: 3735750605 und ISBN-13: 978-3735750600

Die Diagnose „Down-Syndrom" ist ein Schock, denn wer wünscht sich kein gesundes Kind? Durch das überzählige Chromosom haben Kinder mit Down-Syndrom gewisse Besonderheiten. Dadurch unterscheiden sie sich von anderen „normalen" Kindern. Bildgestaltung mit freundlicher Genehmigung von de.photofacefun.com.

Es gibt Eltern, die sich bewusst für ein Kind mit Down-Syndrom entschieden haben. Andere erfahren erst nach der Entbindung, dass ihr Kind mit einem Handicap zur Welt gekommen ist.

Wenn Sie die Diagnose „Down-Syndrom" erhalten haben, sollten Sie sich NICHT zu einer Entscheidung über das Leben oder den Tod Ihres Kindes drängen lassen.

Die Diagnose sagt nur wenig über die mögliche Entwicklung des Kindes aus und kein Kind gleicht dem anderen. Erhalten Eltern die Diagnose „Down-Syndrom" so sind sie an allen Fronten gefordert, es kommen Gefühle wie Schock, Verzweiflung, Trauer, Wut oder Schuld auf sie zu. Sie zweifeln oftmals daran, dieser „zu Anfang" trostlosen Situation gewachsen zu sein. Mit der Zeit und dem neuen Alltag nehmen diese negativen Gefühle wieder ab, auch wenn die Situation schwierig bleibt. Eine wichtige Unterstützung bieten Ärzte, Familie, Freunde, Selbsthilfegruppen und Beratungsstellen. Eltern von Kindern mit Down-Syndrom möchten erleben und spüren, dass ihr Kind akzeptiert wird, dass man ohne Abstriche als Familie wahrgenommen wird. Diese Eltern brauchen Kraft und Halt, denn es ist wichtig, dass diese Diagnose „Down-Syndrom" akzeptiert wird, denn es ist keine Krankheit, die eines Tages geheilt ist. Nach dem ersten Schock folgt dann die intensive Auseinandersetzung mit dem Thema Down-Syndrom und man fragt sich zuerst, was ist das eigentlich?

Es sind herrliche, ehrliche und liebevolle Kinder! Jeder Mensch ist einzigartig!

Jeder Mensch „ob mit Down-Syndrom oder nicht" hat seine eigenen Stärken/Schwächen wie: Begabung, Liebe, Hoffnung, Wünsche, Offenheit, Einfühlungsvermögen oder auch Wut und schlechte Laune. Menschen mit Down-Syndrom leiden NICHT an ihrem Syndrom, sie leiden eher am Verhalten ihrer Umwelt durch: Ausgeschlossensein, Zurückweisung, Spott, Mitleid, Unverständnis und Übergangenwerden.

Down-Syndrom Menschen zeigen uns direkt ihre Gefühle wie Neugier, Unsicherheit oder Freude. Ihre ehrlichen Regungen sind für viele Menschen ohne Down-Syndrom fast schon eine Bedrohung weil viele verlernt haben, ihre Gefühle offen zu zeigen. Eigentlich sollte es doch ganz einfach sein: Menschen mit Down-Syndrom sind Menschen wie DU und ICH, nur mit einer kleinen Besonderheit. Und, haben wir Menschen nicht ALLE eine Besonderheit?

Buchdaten: Down-Syndrom besser verstehen - Ratgeber für Hilfesuchende
Autor: Jutta Schütz - Verlag: Books on Demand
ISBN 978-3-7392-3772-5